Die neue
5 Elemente
Küche

Der Mund ist das Tor zur Gesundheit. Jeden Tag auf´s Neue.

Chinesisches Sprichwort.

Dr. Claudia Nichterl

Die neue 5 Elemente Küche

Rezepte für Gesundheit und Wohlbefinden

 **Fernöstliches Wissen – heimische Zutaten**

Inhalt

TROCKENHEIT:
Wohlfühl-Rezepte für Blut und Säfte - dem Körper „Substanz" geben — 91

FEUCHTIGKEIT:
Wohlfühl-Rezepte gegen Übergewicht und Stagnation - genussvoll abnehmen — 113

Vorwort

Meine ausgiebigen Reisen nach Asien und meine Studienaufenthalte in Mexiko ermöglichten mir einen intensiven Kontakt mit anderen Ernährungsgewohnheiten. Das Interesse an traditionellen Ernährungsgewohnheiten und das bewusste Verwenden von Kräutern und Gewürzen führte mich schließlich zur Traditionellen Chinesischen Medizin (TCM).

Eine ausgewogene Ernährung gehört heute zu den Grundpfeilern unserer Gesundheit und ist unabdingbar für unser Wohlbefinden. Doch was ist eine ausgewogene Ernährung? Aus Sicht der TCM gibt es individuelle Unterschiede: Was dem einen gut tut, kann dem anderen Verdauungsbeschwerden verursachen. Entdecken Sie Ihre Konstitution und erfahren Sie, welche Lebensmittel Ihnen gut tun. Was hält Sie gesund und leistungsfähig und was ist zu beachten, um Sie vor Allergien und Unverträglichkeiten zu verschonen? Vielleicht haben Sie dieses Buch zur Hand genommen, weil Sie sich nicht wohlfühlen oder eine andere Sichtweise auf Ihre Ernährung finden wollen. Wie Ihnen, so geht es auch vielen anderen. Nach über zehn Jahren als Ernährungsberaterin konnte ich zahlreiche Erfahrungen sammeln, eine Menge von meinen Kunden lernen, die oft mit viel Geduld und Experimentierfreude einen Ausweg aus ihrem „Ernährungsdilemma" fanden. Viele dachten, sich mit Rohkost und Vollkornprodukten ja so gesund zu ernähren. Aber der Bauch signalisierte etwas Anderes: Ständige Blähungen, häufiger Durchfall oder Verstopfung, chronische Müdigkeit und ein schwaches Immunsystem regten zum Nachdenken an.

Wenn auch Sie nach alternativen Lösungen zur klassischen Ernährungswissenschaft suchen, dann ist die Ernährungslehre nach TCM (5-Elemente-Küche) genau das Richtige. Die Fünf-Elemente-Küche liefert Hinweise und Anleitungen, um Ihnen Vitalität, Wohlbefinden und Gesundheit zurückzugeben. Sie stellt Ihre Verdauungskraft und Ihre Konstitution in den Vordergrund und ist ein einfaches – und nach kurzer Einführung – logisches Konzept. Auch wenn die Prinzipien der TCM aus Asien kommen, ähnliches Wissen war auch in unserem Kulturkreis vorhanden - traditionelle Rezepte unserer Großmütter erinnern noch daran. Einfache, schnell nachzukochende Gerichte aus heimischen Zutaten, die überall und kostengünstig zu erstehen sind, zeigen die Umsetzung im Alltag.

Dieses Buch soll Ihnen helfen, die Weichen zu stellen für einen wohltuenden, genüsslichen Lebens- und Ernährungsstil. Probieren Sie es aus! Ich wünsche Ihnen dazu Guten Appetit und wohl bekomm´s!

Claudia Nichterl

Claudia Nichterl

PS: Über Feedback würde ich mich freuen. Schreiben Sie mir an office@essenz.at

Lebensmittel wirken wie Heilkräuter auf Körper und Geist, nur wesentlich sanfter. Sie sind ein wunderbar einfaches Mittel, um sich täglich etwas Gutes zu tun.

Einleitung

Jeder Mensch is(s)t anders

Warum tun uns bestimmte Speisen gut, während sie einem anderen schwer im Magen liegen? Ganz einfach, weil jeder Mensch eine individuelle Konstitution hat und die tägliche Nahrung unterschiedliche Auswirkungen auf das alltägliche Wohlbefinden hat. Einer friert mehr, dem anderen ist es schnell zu warm. Gutes Essen sorgt durch eine ausgewogene Zusammenstellung der Lebensmittel für einen ausgeglichenen Energiefluss im Körper. Sind Störungen im energetischen Gleichgewicht vorhanden (chronische Müdigkeit, ausgeprägtes Kälteempfin-den, Verdauungsstörungen), so kann eine angepasste Ernährung unterstützen. Nach den Prinzipien der 5-Elemente-Ernährung hat jedes Lebensmittel eine bestimmte Energetik, das heißt eine bestimmte Temperatur - heiß, warm, neutral, erfrischend oder kalt – einen bestimmten Geschmack – sauer, bitter, süß, scharf oder salzig – und eine bestimmte Wirkungsrichtung – nach innen, unten, oben, außen oder verteilend. Durch diesen Energiecharakter werden Lebensmittel zu Heilmitteln. Richtig eingesetzt bringen wir unseren Körper durch die Nahrung wieder in Balance. Die praktische Umsetzung ist recht einfach. Wenn Ihnen kalt ist, sollten Sie mehr Erwärmendes essen. Wenn Sie Verdauungsstörungen haben, ist es wichtig, auf die Bekömmlichkeit zu achten. Nach einer kurzen Einführung in die Philosophie der Traditionellen Chinesischen Medizin bekommen Sie in diesem Buch allgemeine Tipps und Hinweise für die Umsetzung der 5-Elemente-Küche:

- Wie können Sie Verdauungsprobleme, Schlafstörungen, Abwehrschwäche, Kälteempfindlichkeit, Konzentrationsstörungen, chronische Müdigkeit und andere Beschwerden richtig deuten und was können Sie dagegen tun?
- Welche Lebensmittel unterstützen Sie in den jeweiligen Jahreszeiten und Altersphasen?
- Wieso werden Sie durch Essen schlank und nicht durch Hungern?
- Welche Speisen sind bekömmlich und erhöhen Ihr Wohlbefinden?

Im zweiten Teil des Buches können Sie dann herausfinden, wie Ihr „Essen zum Wohlfühlen" aussehen kann. Durch eine Einteilung nach den häufigsten Symptomen, die in der Praxis auftreten, können Sie Ihre eigene Konstitution „entdecken".

Einfache und schmackhafte Rezepte aus regionalen und saisonalen Zutaten zeigen die praktische Umsetzung. Die Betonung liegt auf Einfachheit! Wir leben in einer Zeit, wo alles schnell gehen muss. Das tolle 6-Gänge-Menü, welches Sie zu einem besonderen Anlass für Ihre Freunde kochen – das ist in diesem Buch nicht das Thema. Es geht um einfache, schnell nachzukochende Speisen für den Alltag. Sie sollen sich mit wenig Aufwand, mit heimischen Zutaten und einfachen Rezepturen täglich etwas Gutes tun. Das ist der Sinn der 5-Elemente-Küche.

5-Elemente-Ernährung:

Was ist das?

Die Ernährung nach den 5 Elementen ist eine zeitgemäße, ganzheitliche Ernährungslehre. Die Grundsätze beruhen auf klassischen Gesundheits- und Ernährungsprinzipien, die auf die antike griechische Heilkunde und die Traditionelle Chinesische Medizin (TCM) zurückgehen. In Grundzügen sind sowohl die westliche als auch die östliche Tradition seit dem 4. Jahrhundert vor Christus (!) im Hinblick auf die Ursachen von Krankheit, die Bedeutung der Diätetik und die Prinzipien dazu – thermische Wirkung und Geschmack der Lebensmittel – sehr ähnlich. Die Aussage „Das, was die Gesundheit aufrecht erhält, ist die gleiche Verteilung der Qualitäten (dinamies=Kräfte) des Feuchten, des Warmen, des Trockenen, des Kalten, des Bitteren, des Süßen und der anderen. Die Vorherrschaft einer einzigen von ihnen bewirkt die Krankheiten" wird Alkmaion, einem Schüler von Pythagoras um 525 v. Chr. zugeschrieben. Die 5-Elemente-Ernährung ist also nichts Neues, Exotisches, Esoterisches – sie ist eine „moderne" Ernährungsform. Die Anlehnung an die klassischen

Prinzipien der TCM fand deshalb statt, weil diese sehr gut dokumentiert ist. Außerdem wird die TCM bis heute angewendet und weiterentwickelt, die in den Prinzipien sehr ähnliche Blut- und Säftelehre der europäischen Medizin ist aus unserem Denken praktisch verschwunden.

Die chinesische Ernährungslehre, bei uns als „5-Elemente-Ernährung" bekannt, stellt ganz stark Genuss und Freude in den Vordergrund – sie verbietet nichts, setzt keine Dogmen, sondern zeigt einen Weg zu mehr Wohlbefinden. Die extremen Ausprägungen in unserer Kultur sind stark geprägt von den Begriffen „gesund" und „ungesund" – vieles wird mit dem Etikett „schlecht" betitelt. Entsprechende Medienberichte über Fleisch-, Hormon- und Pestizidskandale verstärken dieses Image. Beim Konsumenten führt das zu Schuldgefühlen, insbesondere wenn diese sogenannten „schlechten" Dinge gegessen werden. Mit einer solchen „Schuld" beladene Lebensmittel sind dann für uns „schwer" – sie liegen uns im Magen und sind schwer verdaulich.

Die 5-Elemente-Ernährung geht andere Wege: Sie spricht nicht von gesund oder ungesund, sondern vielmehr von einem zu viel oder zu wenig. Alles, was wir unserem Körper im Überfluss zumuten, ist ungesund. Ein großes Anliegen dieses Buches ist, dass Sie lernen, die Nahrung nicht nach Ideologien wahrzunehmen, sondern in Bezug auf Ihren eigenen Körper. Erst dann können Sie – und eigentlich nur Sie – bewerten, ob diese Ernährung für Sie gut oder schlecht ist. Das hat auch den Vorteil, dass Sie selbstbewusster gegenüber den vielen – oft sehr widersprüchlichen – Ernährungsinformationen der heutigen Zeit werden. Es ist enorm hilfreich, sich darauf zu besinnen, wie Sie Ihren Körper durch die der Nahrung innewohnenden Qualitäten stärken können, anstatt sich immer darauf zu konzentrieren, was ihrem Körper Schaden zufügt.

Für ein besseres Verständnis der 5-Elemente-Ernährung ist eine kurze Einführung in das Denken der Traditionellen Chinesischen Medizin erforderlich. Auf den folgenden Seiten werden die wichtigsten Grundlagen kurz zusammengefasst. Verwendete und weiterführende Literaturhinweise finden Sie im Anhang.

Traditionelle Chinesische Medizin – ein kurzer Überblick

Seit mehr als 3 000 Jahren bedient sich die TCM eines ganzheitlichen Ernährungssystems, um die Gesundheit des Menschen zu erhalten. Eine angemessene Ernährung im Sinne der chinesischen Medizin reflektiert die Verbundenheit des Menschen mit seiner Umwelt, den Jahreszeiten, dem

Akupunktur wird in der chinesischen Medizin nicht nur für die Heilung sondern auch für die Gesunderhaltung eingesetzt. (Foto: Principal/shutterstock.com)

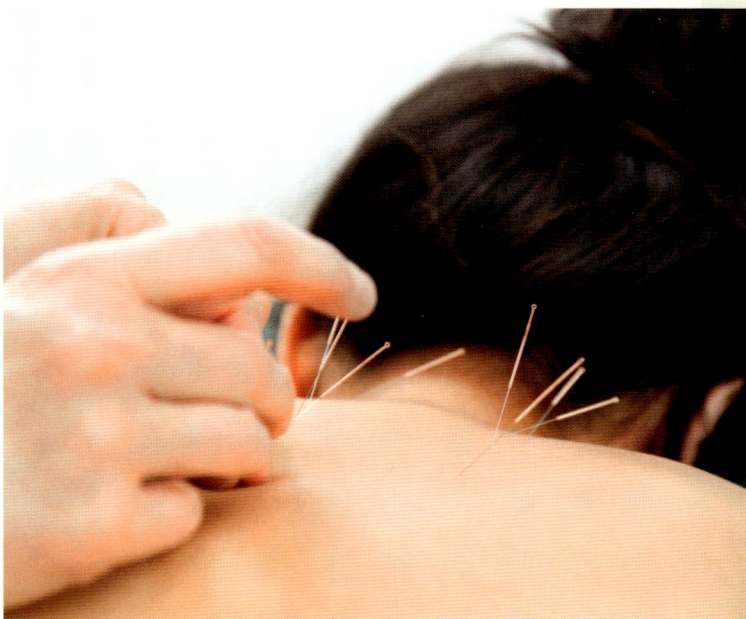

Klima und mit allen Zyklen der Natur. Neben der Ernährungslehre sind sanfte Bewegungs- und Atemübungen wie Tai Chi Juan und Qi Gong, Tuina-Massage, Akupunktur und die chinesische Kräuterkunde für die Gesunderhaltung wichtig.

Qi, Yin und Yang

In der Traditionellen Chinesischen Medizin wird der energetische Zustand eines Organismus durch Begriffe wie **Qi**, **Yin** oder **Yang** beschrieben. **Qi** – die Lebenskraft – lässt sich am ehesten mit unserer modernen Vorstellung von Energie verbinden. Qi hält das Universum in Bewegung und fließt durch unseren Körper.

Die **Yin** und **Yang** Lehre unterscheidet sich sehr grundlegend von der westlichen Medizin und Philosophie. In der westlichen Welt stehen sich immer Gegensätze gegenüber – z.B. rund und eckig, hell und dunkel, voll und leer. Diese Gegensätze schließen einander aus. Yin und Yang dagegen gehen immer ineinander über, Dinge können gleichzeitig sowohl Yin als auch Yang sein, sie bedingen sich gegenseitig, wandeln sich ineinander um und werden daher als sich ergänzende Eigenschaften verstanden, die in ständiger Bewegung sind. Das zeigt auch das Symbol:

Das Tao Symbol vereint beide Eigenschaften – das Yin und das Yang.

Die beiden Pole bewegen sich und jeder enthält wie eine Keimzelle immer einen kleinen Teil des anderen, der sich auf dem Höhepunkt des einen zu entfalten beginnt. Diese Bewegung nennt man Qi.

Vereinfacht gesagt ist der menschliche Stoffwechsel ein enges Zusammenspiel von Yin und Yang – eine ständige Umwandlung. Unser Körper ist normalerweise in der Lage, bei Ungleichgewichten einen Ausgleich zu finden. Wenn wir z.B. müde sind, dann ruhen wir uns aus, schlafen und tanken neue Energie. Wenn wir durstig sind, trinken wir und verhindern dadurch, dass unser Körper austrocknet.

Ob sich Symptome von chronischem Ungleichgewicht zu einer Krankheit entwickeln hängt davon ab, wie lange sie bestehen und ob sie beachtet werden oder nicht. Hier kommt die Diagnostik der Traditionellen Chinesischen Medizin zum Einsatz. Mit Zungen- und Pulsdiagnose und ausführlicher Befragung über Verdauung, Allgemeinbefinden, Ernährungsgewohnheiten etc. sind Ungleichgewichte feststellbar, noch bevor sie sich als Krankheiten manifestieren.

Die Essenz – Jing

In der TCM ist die **Essenz Jing** (gespr. dsching) jene Substanz, die allem Leben zugrunde liegt. Jing ist kostbar und es gilt, es zu bewahren. Philosophisch gesehen hat Jing zwei Quellen:

Das **vorgeburtliche Jing**, auch „angeborene Essenz" genannt, entsteht bei der Befruchtung aus dem Jing der Eltern und bestimmt die Konstitution des Menschen. Es ist damit unwiderruflich festgelegt und nicht ersetzbar bzw. nicht regenerierbar. Vorgeburtliches Jing ist vergleichbar mit unserer genetischen Veranlagung.

Das **nachgeburtliche Jing** wird aus der täglichen Nahrung erworben. Ein kleiner Teil kann zusätzlich durch Atmung und Meditation gewonnen werden.

Nüsse sind „Essenz"-Nahrung pur – sie stärken das nachgeburtliche Jing. (Foto: Krzysztof Slusarczyk/Shutterstock.com)

Ein wichtiger Aspekt für das nachgeburtliche Jing ist die Nahrungsqualität. Über unsere Ernährung nehmen wir sozusagen „kosmisches Qi" zu uns und Essen bewegt etwas in unserem Körper. Nahrung, die im Einklang mit der Natur steht, ist daher sehr wichtig – symbolisch gesehen essen wir Himmel und Erde. Die Quelle unserer Nahrung ist unter diesem Aspekt von Bedeutung. Ob unsere Nahrung natürlich gewachsen ist oder künstlich erzeugt, ob in der Erde oder ohne Erde, ob mit oder ohne Sonne – alles hat auf unser Qi eine Auswirkung. Biologische Lebensmittel aus der Region und Saison sind daher die bessere Nahrung!

Nach Auffassung der TCM bestimmt die Menge des vorgeburtlichen Jing die Lebensqualität und Lebenserwartung des Menschen. Wie bereits erwähnt ist die Substanz Jing nicht regenerierbar. Sie ist vergleichbar mit einer „inneren Energie-Uhr", die unsere individuelle Lebenszeitspanne bestimmt. Ist diese Uhr „abgelaufen", so stirbt der Mensch. Aus dieser Sichtweise kommt die Bedeutung des schonenden Umgangs mit dem Jing, auf dessen Erhalt sehr großer Wert gelegt wird.

Wir können aber im Verlauf unseres Lebens – nachgeburtlich - Jing/Essenz über die Atmung und über die tägliche Ernährung zu uns nehmen. Je besser wir auf uns achten, uns gut ernähren, desto weniger müssen wir auf vorgeburtliches Jing zurückgreifen. Fasten ist daher – bis auf Ausnahmefälle – keine Therapieform der Traditionellen Chinesischen Medizin. Durch das Ausbleiben der Nahrungsaufnahme wird keine nachgeburtliche Essenz gebildet und der Körper muss dann vermehrt auf das vorgeburtliche Jing zurückgreifen. Viele Fastende und Extremsportler (auch hier wird auf das vorgeburtliche Jing zurückgegriffen) kennen ein Gefühl der Leichtigkeit

und des Glücks, was darauf beruht, dass Sie durch das Fasten bzw. die extreme körperliche Anstrengung auf die Essenz zurückgreifen. Von der Essenz leben ist mit einem Hochgefühl verbunden, welches aber eigentlich sehr trügerisch ist, weil dadurch vorzeitig Essenz aufgebraucht wird.

Die Kraft der 5 Elemente

Die 5-Elemente-Ernährung orientiert sich an den Wandlungsphasen der Natur bzw. dem Verlauf unseres Lebens. Ähnlich wie bei der 4-Elemente-Lehre der Antike oder der westlichen Astrologie werden im 5-Elemente-System Körperorgane, Jahreszeiten, Farben, Emotionen und andere Erscheinungsformen zugeordnet. In der TCM werden den 5 Elementen – Holz, Feuer, Erde, Metall oder Wasser – zusätzlich

Die 5 Elemente und ihre Zuordnungen

Element	Holz	Feuer	Erde	Metall	Wasser
Geschmack	sauer	bitter	süß	scharf	salzig
Organbezug	Leber/Gallenblase	Herz/Dünndarm	Milz/Magen	Lunge/Dickdarm	Niere/Blase
Gewebe	Muskeln/Sehnen	Blutgefäße	Bindegewebe	Haut	Knochen
Sinnesorgan	Augen	Zunge	Mund	Nase	Ohren
Jahreszeit	Frühling	Sommer	Erntezeit/Spätsommer	Herbst	Winter
Klima	Wind	Hitze	Feuchtigkeit	Trockenheit	Kälte
Gefühlsäußerung	schreien	lachen	singen	weinen	stöhnen
Emotion	Wut	Freude	Sorgen	Trauer	Angst

Geschmacksrichtungen zugeordnet, anhand derer die chinesische Ernährungslehre Aussagen darüber macht, wie die Lebensmittel auf den Körper wirken. Der Geschmack der Lebensmittel – bitter, süß, scharf, salzig und sauer – ist eine Zusatzinformation über die Wirkungsweise der zugeführten Nahrung in unserem Körper. In der oben stehenden Übersicht sind die Elemente und ihre Zuordnungen zusammengefasst.

Entsprechend der Zuordnung des Geschmacks zum Element ergibt sich eine positive Wirkung auf das dazugehörige Organ, z.B. der saure Geschmack „wandert" zur Leber und nährt diese, der bittere Geschmack zum Herz usw. Ein übermäßiges Verlangen nach einer bestimmten Geschmacksrichtung kann also ein Hinweis auf eine energetische Problematik im entsprechenden Organ sein. Ein Beispiel dafür ist das Verlangen nach sauren Gurken nach einer durchzechten Nacht – sozusagen ein „Hilfeschrei" der Leber, die nach einem solchen Exzess etwas ins Ungleichgewicht geraten ist.

Bei bewusstem Einsatz des Geschmacks und der Wirkrichtung können Lebensmittel therapeutisch wirksam werden:

Der **süße** Geschmack, z.B. von Fenchel und Mohrrüben, wirkt entspannend und nährend. Dieser Geschmack soll bei jeder Mahlzeit im Vordergrund stehen, denn genährt werden Milz und Magen, die wichtigsten Quellen für die Produktion von nachgeburtlichem Jing. Die anderen Geschmacksrichtungen sind die ergänzenden „Gewürze".

14

Der **scharfe** Geschmack z.B. von Meerrettich, Ingwer, Rettich und Radieschen zerstreut, bewegt und löst Stagnationen. Er ist vor allem bei Schleimerkrankungen (z.B. Erkältungen, Husten), aber auch bei Übergewicht hilfreich.

Der **salzige** Geschmack von Lebensmitteln aus dem Wasserelement (z.B. Fisch, Meeresfrüchte, Meersalz) wirkt kühlend, aufweichend und leitet nach unten.

Der **saure** Geschmack zieht zusammen (adstringierend) und wirkt bewahrend. Denken Sie an das Beispiel von Zitrone – sie ist sauer und es zieht sich alles in einem zusammen. Diese zusammenziehende Wirkung hilft Körperflüssigkeiten zu bewahren. Lebensmittel mit saurem Geschmack (Früchtetee, Soda mit Zitronensaft) sind aber nicht geeignet, um Übergewicht abzubauen, weil sauer festhält. Zum Abbau von Übergewicht ist das Gegenteil – Loslassen – gefragt.

Der **bittere** Geschmack trocknet aus, regt die Transformation an und leitet nach unten – ein Beispiel dafür ist der Kaffee.

Diese Einteilung der Lebensmittel nach ihrer Geschmacksrichtung und Auswirkung auf uns ist ein uraltes, faszinierendes Prinzip. Aber auch hier gilt: Die Dosis macht das Gift. Jede der fünf Geschmacksrichtungen wirkt in kleinen Dosierungen kurzfristig anregend, in einer Überdosis kehrt sich die Wirkung ins Gegenteil und das entsprechende Organ wird gehemmt oder gar beeinträchtigt. Man darf keinesfalls den Rückschluss ziehen, dass Probleme des Herzens NUR mit dem bitteren Geschmack zu behandeln wären – „bitter" und Herz gehören beide zum Element Feuer – oder dass man im Sommer nur Bitteres zu sich nehmen sollte. Das System so zu sehen, wäre sehr starr und auch falsch. Vielmehr geht es darum, die Bewegungsrichtungen der Jahreszeiten und der Organe zu kennen und letztere durch die Auswahl der Geschmacksrichtungen zu unterstützen, oder auszugleichen, wenn ein Ungleichgewicht vorliegt. Einseitige Ernährung mit Auswirkung auf das tägliche Wohlbefinden ist oft eine Über-

15

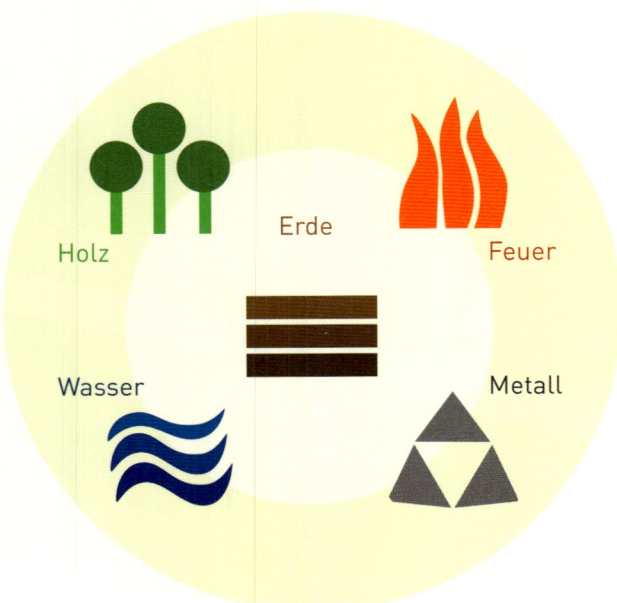

Die Vielfalt der Elemente auf dem Teller
macht Ihre Speisen ausgewogen und harmonisch.

betonung einer Geschmacksrichtung. Alle fünf Geschmacksrichtungen, gemeinsam in der richtigen Dosierung eingesetzt, schaffen ein „rundes" ausgewogenes Gericht und bringen so Ordnung in die Organe – Gesundheit und Wohlbefinden sind damit garantiert!

Die thermische Wirkung von Lebensmitteln

Viele Kulturen haben ein großes Erfahrungswissen über die thermische Wirkung von Lebensmitteln. Im Grunde müssten wir nur ein bisschen in uns hinein hören und auf die Signale unseres Körpers reagieren. So wünschen wir uns im Sommer mehr kühlende Speisen (erfrischende Salate) und im Winter bevorzugen wir lang gekochte wärmende Suppen und Eintöpfe.

In den kalten Wintermonaten hat die Ernährung eine vorbeugende und die Gesundheit erhaltende Funktion. Eine thermisch ausgewogene Mahlzeit kann die klimatischen Einflüsse wie Wind, Kälte und Feuchtigkeit gut ausgleichen. Sicher haben Sie schon einmal bemerkt, dass Ihnen nach dem Genuss von Rotkohl, einem Glas Rotwein oder einem Lammragout ziemlich warm wurde. Es gibt also Lebensmittel, die in unserem Körper Wärme abgeben und uns dadurch „erwärmen".

Hier eine Übersicht über die thermische Wirkung der Lebensmittel:

Lebensmittel, die kühlend wirken

Thermisch kalte Lebensmittel sind Südfrüchte wie Bananen, Zitrusfrüchte oder Melonen. Sie wachsen in klimatisch heißen Gebieten und helfen den dort beheimateten Menschen, die sie umgebende Hitze auszugleichen. Kalt wirken auch Gurken und Tomaten, die – in traditioneller Landwirtschaft ohne beheiztes Glashaus – nur im Sommer verfügbar wären. Sie kühlen den Körper sehr stark ab und helfen überschüssige Hitze im Körper zu beseitigen. Kalte Lebensmittel sollten daher nur in kleinen Mengen und hauptsächlich in der heißen Jahreszeit konsumiert werden. Menschen, die häufig frieren oder eine empfindliche Verdauung mit Neigung zu Durchfall haben, sollten diese Lebensmittel in roher Form meiden.

Lebensmittel, die erfrischend wirken

Erfrischende Lebensmittel können wir das ganze Jahr über zu uns nehmen. Sie helfen uns, Blut und Körpersäfte zu bilden und befeuchten das Gewebe und die Schleimhäute. In den kalten Wintermonaten

Jedes Lebensmittel übt auf den Körper eine thermische Wirkung aus. Ob uns warm oder kalt ist, hängt auch davon ab, was wir essen. (Foto: Monticellllo/fotolia.com)

oder bei empfindlicher Verdauung empfiehlt es sich, diese Zutaten in gekochtem Zustand zu verwenden. In den heißen Monaten helfen uns erfrischende Lebensmittel, die durch das Schwitzen verlorenen Säfte wieder aufzubauen. Zu dieser Gruppe gehören Milchprodukte, viele Gemüsesorten, Früchte und Salate.

Lebensmittel, die thermisch neutral sind

Die neutralen Lebensmittel haben mengenmäßig die größte Bedeutung für unsere Ernährung, denn sie können in jeder Jahreszeit und von jedem Konstitutions-Typ genossen werden. Dazu gehören fast alle Getreidesorten, Hülsenfrüchte, Wurzelgemüse,

Pilze und Nüsse. Sie stärken das Qi und wirken ausgleichend.

Lebensmittel, die wärmend wirken

Diese Lebensmittel wirken leicht erwärmend und verstärken auch die Dynamik. Sie sollten gemeinsam mit neutralen Lebensmitteln vermehrt im Herbst und Winter verzehrt werden. Je kälter die Außentemperaturen sind, desto mehr wärmende Zutaten brauchen wir in unserer Ernährung. In dieser Gruppe sind Lebensmittel wie fast alle frischen und getrockneten Kräuter, die meisten Gewürze, Trockenfrüchte, Lauch und Zwiebeln.

Ideale Aufteilung der Lebensmittel hinsichtlich ihrer thermischen Wirkung in einer ausgewogenen Mahlzeit

	heiß	warm	neutral	erfrischend	kalt
Wirkung	vertreibt Kälte erhitzt	unterstützt das Qi wärmt	baut Qi auf harmonisiert	baut Säfte auf kühlt	vertreibt Hitze kühlt stark

Die TCM unterscheidet zwei Zubereitungsarten:

YINisieren

= erwärmende Wirkung ausgleichen,
  abkühlende Wirkung verstärken

Blanchieren (kurz aufkochen)
Kurz kochen mit viel Wasser
Kochen mit erfrischenden Zutaten
(Obst, Südfrüchte, Sprossen, Fruchtsäften)
Einweichen

YANGisieren

= abkühlende Wirkung ausgleichen,
  erwärmende Wirkung unterstützen

Scharf anbraten, grillen, räuchern
Sanftes, langes Schmoren
Im Backofen zubereiten
Langes Kochen (Suppen)
Verwenden von heißen / warmen Gewürzen, Kräutern
Kochen mit Alkohol
Trocknen

Lebensmittel, die sehr stark erwärmen

Heiße Lebensmittel sollten nur in kleinen Mengen verwendet werden, da sie sonst innere Hitze auslösen bzw. empfindliche Verdauungssysteme zu sehr reizen (z.B. Chilischoten). Im Winter helfen diese Lebensmittel, den Körper vor Kälte zu schützen. In diese Gruppe gehören Zutaten wie scharfe Gewürze, Zimt, hochprozentiger Alkohol, gegrilltes Fleisch und Lamm.

Den Instinkten vertrauen

Es ist sinnvoll und hilfreich die thermischen Eigenschaften der Lebensmittel gezielt nach Jahreszeit und individuellen Bedürfnissen einzusetzen. So sollten wir im Sommer mehr erfrischende und ab und zu kalte Lebensmittel, im Winter – wenn es draußen friert und schneit – mehr die warmen und heißen Lebensmittel verwenden. Menschen, denen häufig kalt ist, werden mit kalten Lebensmitteln noch mehr frieren – daher sollten sie wärmende Speisen zu sich nehmen. Die Ernährungslehre nach

TCM zu nutzen bedeutet, wieder zu lernen, seinen Instinkten mehr zu vertrauen. Kinder stehen den Instinkten meist noch viel näher als Erwachsene, sie spüren sehr gut, was Ihnen gut tut – wenn es Ihnen nicht aberzogen wird. Die Instinkte sind bei uns allen vorhanden, wir können hören, riechen, schmecken, sehen und fühlen. Wenn wir unsere Sinne nutzen, dann spüren wir auch Hitze-Kälte oder Yin und Yang und können mit Selbstverantwortung unsere Ernährung passend dazu auswählen.

Als Richtwert können bei guter Gesundheit erwärmende, neutrale und erfrischende Lebensmittel zu etwa gleichen Teilen auf dem Speisezettel stehen. Kalte und heiße Zutaten werden in kleiner Menge als Zugabe verwendet.

Eine Tabelle über die Wirkrichtung von Lebensmitteln und deren thermische Wirkung finden Sie kostenlos zum Download unter www.essenz.at/ Tabelle – die Angaben beziehen sich immer auf den rohen Zustand des Lebensmittels.

Die thermische Veränderung bei der Zubereitung

Der Kochvorgang verändert den thermischen Zustand eines Lebensmittels. Ein Beispiel: Nach TCM ist die thermische Wirkung von Tomaten in rohem Zustand sehr abkühlend und kann bei empfindlicher Verdauung Beschwerden auslösen. Wird die Tomate gekocht, dann verringert sich die abkühlende Wirkung und wenn zusätzlich erwärmende Gewürze wie Rosmarin oder Basilikum dazugegeben werden, dann ist die Tomate bereits neutral und auch für empfindliche Menschen verträglich. So hat nicht nur die Wahl der Zutaten, sondern auch die Zubereitungsart einen Einfluss auf den energetischen Zustand der Speisen.

Die Bedeutung regionaler und saisonaler Zutaten

Die Verwendung von Zutaten aus der unmittelbaren Umgebung und gemäß der jahreszeitlichen Verfügbarkeit ist ein Grundprinzip der 5-Elemente-Küche. Im Idealfall sollten die Zutaten aus biologischer Landwirtschaft stammen. Kontrolliert biologisch angebaute Rohstoffe, möglichst frisch und natürlich, d.h. unverarbeitet enthalten Qi und damit Lebenskraft. Solche Zutaten nähren uns, sind bekömmlich und leisten auch einen Beitrag zu einer nachhaltigen Landwirtschaft und Schonung von Ressourcen.

Ein zusätzliches Argument für regionale und saisonale Kost sieht die TCM darin, dass unser Organismus über ein sogenanntes „Vorfahren-Qi" verfügt. Dieses Konzept einer „großmütterlichen" Instanz entscheidet, ob etwas, was wir zu uns nehmen, in unser System passt und integriert werden darf. Für unseren Stoffwechsel bedeutet das, dass dieses „Vorfahren-Qi" darüber entscheidet, ob die entsprechenden Enzyme vorhanden sind, um körperfremde Nahrung in körpereigene Substanzen umzuwandeln. Wenn die Nahrung nicht identifiziert werden kann und somit abgelehnt wird, ist sie ein Abfallstoff, der den Körper belastet. Viele Lebensmittelunverträglichkeiten und Allergien werden aus der Sicht der TCM mit diesem Konzept in Verbindung gebracht. Gentechnisch veränderte Lebensmittel, neues Saatgut und veränderte Züchtungen machen es unserem Körper schwer, sich in so kurzer Zeit anzupassen – Unverträglichkeiten sind die Folge.

Fleisch aus nachhaltiger Landwirtschaft und artgerechter Tierhaltung ist bekömmlicher und nahrhafter.
(Foto: B.G. Smith/shutterstock.com)

Fisch, ein Lebensmittel aus dem Element Wasser, wirkt stärkend auf die Nieren-Energie.
Karpfen hilft darüber hinaus bei Lungenproblemen und Blutmangel. (Foto: Alexander Raths/shutterstock.com)

Fleischlos glücklicher?

Vegetarische Ernährung liegt im Trend der Zeit und immer mehr Menschen entscheiden sich für diese Ernährungsform. Die Entscheidung darüber, ob Fleisch gegessen wird oder nicht, sollte jeder für sich selbst treffen. Ethische Gründe sprechen dagegen, aber einiges spricht auch dafür. Aus Sicht der TCM ist Fleisch ein Lebensmittel mit besonderer Wirkung und wird als „kaiserliches" Lebensmittel bezeichnet. Voraussetzung ist aber immer – sowohl bei Fleisch, als auch bei Fisch – eine Herkunft aus biologischer und artgerechter Haltung!

Der Genuss von Speisen mit Fleisch wird als Medizin betrachtet und wurde in kleinen Mengen an Kaisertagen (Sonn- und Feiertagen) praktiziert. Empfehlenswert ist eine „kaiserliche Haltung" den Tieren gegenüber, deren Fleisch wir essen. Die biologische und artgerechte Tierhaltung erfüllt diese Anforderung: In Bio-Betrieben haben Tiere genügend Platz, können ihrem Bewegungsdrang nachgehen, erhalten hochwertiges Futter und können im Sommer auf saftige Weiden. Im Gegensatz dazu stehen die Tierfabriken der modernen Welt – Fleisch wird schnell und als Massenware produziert – der scheinbare Vorteil für den Konsumenten ist der niedrige Preis, aber auf Qualität wird verzichtet. Geschmack und Qualität sind mit Bio-Fleisch nicht vergleichbar. Durch die Auswahl von Bio-Fleisch vermeiden Sie Belastungen durch Medikamente und Wachstumshilfen.

Die meisten Fleischsorten haben ein warmes bis heißes Temperaturverhalten und eignen sich deshalb, den Körper zu wärmen, Energie zuzuführen bzw. Qi und Yang aufzubauen. Menschen, die sich häufig müde fühlen, denen ständig kalt ist, die unter Konzentrationsmangel leiden, können durch kleine Mengen Fleisch positive Veränderungen erreichen. Fleisch dynamisiert die Körperenergie und ist sehr gut geeignet, Energiedefizite rasch wieder aufzufüllen, z.B. bei schwerer körperlicher Arbeit und nach einer Geburt. Fleisch enthält einen hohen Anteil an tierischem Protein, Vitaminen, Mineralstoffen in konzentrierter Form, und aufgrund der Zellstruktur – ähnlich unseren Körperzellen – können wir diese hochwertigen Bestandteile sehr gut verwerten.

Die TCM geht sogar noch einen Schritt weiter. Neben dem Muskelfleisch spielen auch die Innereien für die Ernährung eine große Rolle. Nach dem Prinzip „Gleiches heilt Gleiches" werden z.B. bei Mangelzuständen von Nieren oder Leber jeweils diese Innereien von Tieren für die Genesung besonders eingesetzt. Biologische Herkunft ist hier ein „Muss", herkömmliche Innereien sind meist schwer mit Antibiotika- und Medikamentenrückständen belastet.

Fische sind nach der Einteilung der TCM häufig von süß-salzigem Geschmack und thermisch neutral bis warm. Sie sind leicht verdaulich und stärken Qi, Blut und Yang. Meeresfrüchte sind überwiegend salzig und haben ein kühles bis kaltes Temperaturverhalten. Positiv wirken sie auf Leber und Nieren und sie nähren das Yin. Heimische Fische wie Forelle und Karpfen werden in der Ernährungsberatung bei Qi und Yang-Mangelzuständen (Anzeichen dafür sind Erschöpfung, kalte Hände und Füße, siehe auch Seite 41) empfohlen. Karpfen wirkt zusätzlich positiv bei Blutmangel und bei Störungen im Lungenfunktionskreis (chronischer Husten, Kurzatmigkeit). Fisch ist eine gute Alternative zu Fleisch und sollte regelmäßig gegessen werden – auch hier bitte auf Qualität achten und Bio-Fisch bevorzugen.

Fische sind grundsätzlich leichter verdaulich als Fleisch. Besonders schwer verdaulich ist Gegrilltes und Gebackenes, Fleisch mit üppiger Sauce und Fleisch aus der Tiefkühltruhe. Je kleiner geschnitten das Fleisch ist (Geschnetzeltes, Faschiertes), desto bekömmlicher ist es. Gut kauen und einspeicheln ist wichtig!

Zuordnung von Fleisch und Fisch zu den 5 Elementen

Holz	Federvieh: Huhn, Ente, Gans, Truthahn, Wachtel, Taube
Feuer	Bergtiere und Grasfresser: Ziege, Steinbock, Schaf
Erde	Huftiere: Rind, Kalb
Metall	Wildtiere: Reh, Hirsch, Hase, Wildschwein
Wasser	Kiementiere: Fische, Meeresfrüchte

Die Heilkraft der Mitte

Die Ernährungslehre nach TCM beschreibt sehr genau, was mit der Nahrung, die wir täglich zu uns nehmen, im Körper passiert. Sie beschreibt, wie und unter welchen Bedingungen diese Nahrung für den Körper wertvoll wird und wie die Nahrung in Lebenskraft (Qi) umgewandelt wird. Ernährung und Lebensstil sind zu einem großen Teil für unsere Gesundheit, unsere körperliche und geistige Vitalität, aber auch für die Fähigkeit zur Entspannung und Regeneration mitverantwortlich. Unser Lebensstil trägt ganz entscheidend dazu bei, wie es unserem Körper geht. Auch wenn Kräutermedizin und Akupunktur, bei Krankheiten eingesetzt, helfen können – die tägliche Ernährung und die Art wie wir täglich leben, trägt entscheidend dazu bei, wie es uns geht und ob unser Shen strahlen kann. Die Sicht auf das Verdauungssystem ist nach TCM etwas anders als in westlichen Lehrbüchern.

Shen ist der „Geist des Herzens" oder auch die Liebe, die in unserem Herzen wohnt. Der Shen kann dann strahlen, wenn es unserem Körper gut geht, die Energien gut fließen können und unsere „Mitte" – das Verdauungssystem – das Reine vom Trüben trennen kann. In westlichen Worten ist damit ein funktionierender Stoffwechsel gemeint.

Du bist, was du verdauen kannst

Nach dem Verständnis der TCM gibt es keine allgemein gültige Idealkost. Die ideale Ernährung ist individuell unterschiedlich und hängt von der allgemeinen Konstitution, der Verdauungskraft und auch der körperlichen Leistung ab. Die Idealkost ist quasi eine Individualkost. Aber was ist die Idealkost für Sie? Im Ernährungsdschungel und den vielen – teils widersprüchlichen - Empfehlungen wird es immer schwieriger, das für sich Richtige herauszufinden. Ein Manko der meisten Empfehlungen ist, dass weder die Verdauungsfähigkeit und Verstoffwechselungskraft des Einzelnen, noch „die Kraft der Mitte" berücksichtigt wird. Eine für Sie passende Ernährung sollte zwei Faktoren berücksichtigen: für Sie bekömmliche Lebensmittel und eine starke Verdauungskraft. Der ernährungswissenschaftliche Ansatz, der nur die Inhaltsstoffe von Lebensmitteln berücksichtigt, greift zu kurz, weil Nährstoffe uns nur dann zugute kommen, wenn sie von der Verdauung richtig verarbeitet werden. Die Verdauung ist ein komplizierter Vorgang und funktioniert nicht immer gleich gut. Die Ernährungswissenschaft und Medizin tasten sich nach und nach an die Details heran und je mehr wir darüber wissen, desto mehr zeigt sich die unglaubliche Komplexität von Stoffwechsel und Verdauung. Ernährung kann nur so gut sein, wie die individuelle Verdauungsleistung es zulässt.

Zurück zur Frage: Was ist die für Sie richtige Ernährung? Sie sollte zu Ihnen passen, wie ein gut geschnittenes Kleidungsstück. Sie sollte nicht einengen, sondern Ihre Persönlichkeit unterstreichen. Hilfreich ist, wenn Sie darauf achten, was Ihnen gut tut: Ihre Ernährung soll Sie unterstützen, Ihnen Kraft geben, im Winter wärmen und im Sommer kühlen, Ihre Konzentration fördern, die Figur schlank halten (oder schlank machen), vor Krankheit schützen und Sie gesund erhalten.

Unbekömmliche Ernährung zeigt sich meist in Über- oder Unterforderung des Körpers bzw. wirkt sich auf Ihre Vitalität und Gesundheit aus. Wer sich entgegen den Bedürfnissen des Körpers ernährt, wird sein Optimum an Wohlbefinden nicht erreichen. Es liegt in Ihrer Verantwortung, ob Sie in Ruhe essen oder Ihre Mahlzeiten hastig hinunter schlingen. Sie entscheiden darüber, wann, wie und was Sie essen. Und damit sind die „Würfel gefallen". Ihre Ernährungsgewohnheiten spiegeln wieder, ob Ihr Verdauungssystem innerhalb eines gesunden Spielraums gefordert oder in krank machender Weise überfordert wird. Denken Sie daran: Das Ziel Ihrer Verdauungskraft ist, die von Ihnen verzehrten Lebensmittel in eine für Ihre Zellen verwertbare Form zu bringen. Ihr Verdauungssystem zerlegt die Lebensmittel in Aminosäuren, Einfachzucker, Fettsäuren oder „chinesisch gesprochen" in Nahrungs-Qi. Wenn alles richtig abläuft und die Nahrung „aufgeschlossen" und umgewandelt werden kann, dann versorgt das Nahrungs-Qi Ihren Körper mit wertvollen Nährstoffen, Kraft und Energie; „Unreines/Trübes/Überflüssiges" wird ausgeschieden. Mangelhafte Verdauung zeigt sich in Beschwerden der Verdauungsorgane (Aufstoßen, Sodbrennen,

Blähungen, Völlegefühl, Heißhunger, Sodbrennen, Müdigkeit nach dem Essen, Verstopfung, Durchfall). Wenn Ihnen also Rohkost oder Vollkornprodukte Blähungen und Durchfall verursachen, dann ist das für Sie nicht die passende Ernährung. Ihr Verdauungsfeuer ist möglicherweise zu schwach bzw. Ihr Verdauungssystem überfordert. Suppen, Eintöpfe, Salate aus gekochten Gemüse wie unsere traditionellen Wintersalate (Rote-Bete-Salat, Selleriesalat u.a.) sind dann für Sie die bessere Wahl. Schon Hippokrates wusste vor 2.500 Jahren: „Was du leicht verdauen kannst, das iss! Und was du nicht leicht verdauen kannst, das iss nicht!"

Alles hat seine Zeit

Die neuesten Erkenntnisse der Chronobiologie zeigen viele Übereinstimmungen mit dem Konzept der 5 Wandlungsphasen (5 Elemente) und seinen Entsprechungen in der Organuhr. Nach TCM durchläuft die Energie innerhalb eines Tages wie eine Welle unseren Körper. Jedes Organ erreicht einmal täglich sein Energiemaximum, was gleichzusetzen ist mit optimaler Leistungsfähigkeit. Genau 12 Stunden später erbringt das Organ seine Minimalleistung, ist also am schwächsten. Unsere Verdauungsorgane haben morgens Ihre Maximalzeit, was auch die Sinnhaftigkeit des alten Sprichwortes: „Iss morgens wie ein Kaiser, zu Mittag wie ein Edelmann und abends wie ein Bettler." rechtfertigt. Morgens bzw. vormittags verzehrte Lebensmittel belasten den Körper am wenigsten und können effizient verarbeitet werden. Genau 12 Stunden später, also in den Abendstunden, haben die Verdauungsorgane ihre schwächste Leistung. Trotzdem verzehren viele abends die Hauptmahlzeit und wundern sich, dass Schlafstörungen oder Verdauungsbeschwerden

auftreten. Wieder mehr mit seinem natürlichen Rhythmus zu leben, mehr Regelmäßigkeit in das Essverhalten zu bringen, ist vor allem für empfindliche Personen eine hilfreiche Maßnahme.

Bekömmlich kochen – Essen zum Wohlfühlen

Hier die wichtigsten Tipps für Ihre Ernährung, damit Sie so richtig „aus dem Bauch heraus zufrieden sein" können.

• Bevorzugen Sie saisonales Obst und Gemüse aus biologischer Landwirtschaft
Hochwertige, frische und biologische Lebensmittel liefern Vitalität und Energie für Ihr Wohlbefinden und Ihre Gesundheit. Lebensmittel, die auf mineralhältigen Böden und bei natürlicher Sonneneinstrahlung wachsen und reifen können, enthalten alle wichtigen Vitamine und Nährstoffe und versorgen Sie optimal.

• Bevorzugen Sie Fleisch(-produkte) und Fisch aus biologischer Tierhaltung
Fleisch von Weidetieren, die natürliches Futter (u.a. Wiesen- und Heilkräuter) erhalten, ist nicht nur schmackhafter, sondern auch bekömmlicher. Medienberichte über unerwünschte Antibiotika-Rückstände und sonstige Gefährdungen tun ihr übriges, um biologischer Tierhaltung den Vorzug zu geben. Das gleiche gilt übrigens auch für Eier und Wurstwaren!

• Kochen hilft der Verdauung
Bei vielen Menschen führt ein Zuviel an roher Nahrung zu Verdauungsstörungen – Blähungen, Völlegefühl und Müdigkeit sind die Folge. Eine vermehrte Zufuhr gekochter Nahrung kann hier

Probieren Sie einmal eine Tasse Misosuppe zum Frühstück - sie gibt Energie und Wohlbefinden für einen guten Start in den Tag. (Foto: HLPhoto/fotolia.com)

Abhilfe schaffen. Kochen nimmt dem Verdauungsapparat viel Arbeit ab. Erhitzte bzw. gekochte Speisen werden besser vertragen und erhöhen das Wohlbefinden. Ihre Mahlzeiten sollten zumindest warm beginnen oder enden, z.B. mit einer Suppe. Ein gekochtes und warmes Frühstück gibt Ihnen bereits am Morgen den Kick für den restlichen Tag.

• Vermeiden Sie Tiefkühlkost und Mikrowelle
Der Verzehr von Tiefkühlkost – insbesondere Fleisch- und Fischprodukte – führt bei empfindlichen Menschen zu Verdauungsbeschwerden. Durch das Tiefkühlen und Auftauen wird die Zellstruktur geringfügig verändert und erschwert die Verdauungsarbeit. Ähnliches gilt für Lebensmittel, die in der Mikrowelle zubereitet werden. Mikrowellen-Fertiggerichte sind zusätzlich meistens mit Zusatzstoffen und Geschmacksverstärkern

versehen. In Anlehnung an die thermische Wirkung von Lebensmitteln wird in Tiefkühl-Nahrung die Information „Kalt" gespeichert. Bei Menschen mit einer ausgeprägten Kältesymptomatik verstärkt sich die Kälte im Körper durch den häufigen Genuss von Tiefkühl-Produkten.

• Vermeiden Sie Lebensmittel mit Zusatzstoffen und Konservierungsstoffen
Zusatzstoffe wie Geschmacksverstärker, Farbstoffe, künstliche Aromen, naturidente Aromen und Konservierungsmittel sind leider heutzutage kaum mehr zu vermeiden. Es bedarf eines großen Wissens für jeden einzelnen, um in der Fülle der Zusatzstoffe den Überblick zu behalten und Risiken zu vermeiden. Die Wechselwirkungen der vielen verschiedenen Stoffe sind weitgehend unerforscht. Erinnern Sie sich an das Konzept der „großmütterlichen" Instanz (siehe Seite 19). Substanzen und

Zutaten, die „neu" für unseren Körper sind, werden möglicherweise nicht gut vertragen und führen zu Störungen (z.B. Allergien). Insbesondere phosphat- und schwefelsäurehältige Produkte (Käse, Wurst, Limonaden) behindern die Aufnahme von wertvollen Mineralstoffen und erhöhen die Risiken für Zahnprobleme und Osteoporose. Mit einer Auswahl von frischen und naturbelassenen Lebensmitteln können Sie diesen Konflikt vermeiden. Achten Sie auf die Herstellerangaben und bevorzugen Sie Produkte ohne Zusatzstoffe.

- Bewusstes Trinken
Achten Sie auf eine ausreichende Flüssigkeitszufuhr mit ungesüßten Kräuter- und Früchtetees (Sorten regelmäßig wechseln!), Obstsaft mit Leitungswasser verdünnt und Ähnlichem. Mineralwasser ist für viele Menschen aufgrund der Kohlensäure und eines möglichen zu hohen Mineraliengehaltes (z.B. Natrium) belastend. Leitungswasser ist in den meisten Regionen die bessere – und kostengünstigere - Alternative. Sollte Ihr Leitungswasser durch Nitrat und/oder andere Umweltgifte belastet sein, weichen Sie auf kohlensäurearmes oder stilles Mineralwasser aus. Gönnen Sie sich hin und wieder zum Essen ein gutes Glas Wein, anstatt Limonaden und Cola-Getränke. Vermeiden Sie eisgekühlte Getränke und große Mengen kalter Getränke während des Essens. Ein ideales Getränk ist heißes Wasser – probieren Sie es einmal aus!

- Bewusster Umgang mit Genussmitteln
  wie Kaffee und Schwarztee
Zuviel Kaffee bzw. Schwarztee kann mit eine Ursache für Beschwerden wie Verstopfung und Migräne sein. Versuchen Sie den Konsum auf 1-2 Tassen pro Tag zu beschränken – am besten nach dem Essen.

- Zucker und Süßmittel
Natürliche Zuckerquellen wie Vollrohrzucker, Honig, Ursüße, Gersten- oder Reismalz, Birnendicksaft, Agavendicksaft, Ahornsirup und seit kurzem auch Steviaprodukte stellen die Alternative zu raffiniertem weißem Zucker bzw. Süßstoff dar.

- Gewürze
Unzählige köstliche Gewürze warten darauf von Ihnen ausprobiert und verwendet zu werden. Sie machen Speisen nicht nur aromatisch, sie helfen bei der Verdauung – und die Speisen werden optisch aufgewertet. Versuchen Sie einmal frisches Koriandergrün, Kardamom, Majoran, Ysop, Bockshornkleesamen, Liebstöckel, frische Minze und viele mehr – das Angebot ist nahezu unbegrenzt.

- Regelmäßige Essenszeiten
Die Einhaltung regelmäßiger Essenszeiten ist wichtig und hilft Ihrer Verdauung. Bei drei ausreichenden und nährenden Mahlzeiten am Tag verschwinden normalerweise Süßgelüste und Heißhungerattacken. Ein regelmäßiger Essrhythmus wird sich leichter einstellen und fördert Ihr Wohlbefinden.

- Zur richtigen Zeit essen
In der TCM gilt das bei uns bekannte Sprichwort: „Iss morgens wie ein Kaiser, zu Mittag wie ein Edelmann und abends wie ein Bettler." Erklärt wird dieser Grundsatz mit der Organuhr: Jedes Organ hat eine Zeit von zwei Stunden täglich, während der es energetisch besonders gut versorgt ist und daher seine Funktionen besonders gut erfüllen kann. In den Vormittagsstunden sind die Verdauungsorgane (Dickdarm, Magen und Milz) am besten versorgt und eine nährende, sättigende Mahlzeit ist daher sinnvoll.

26

Organuhr

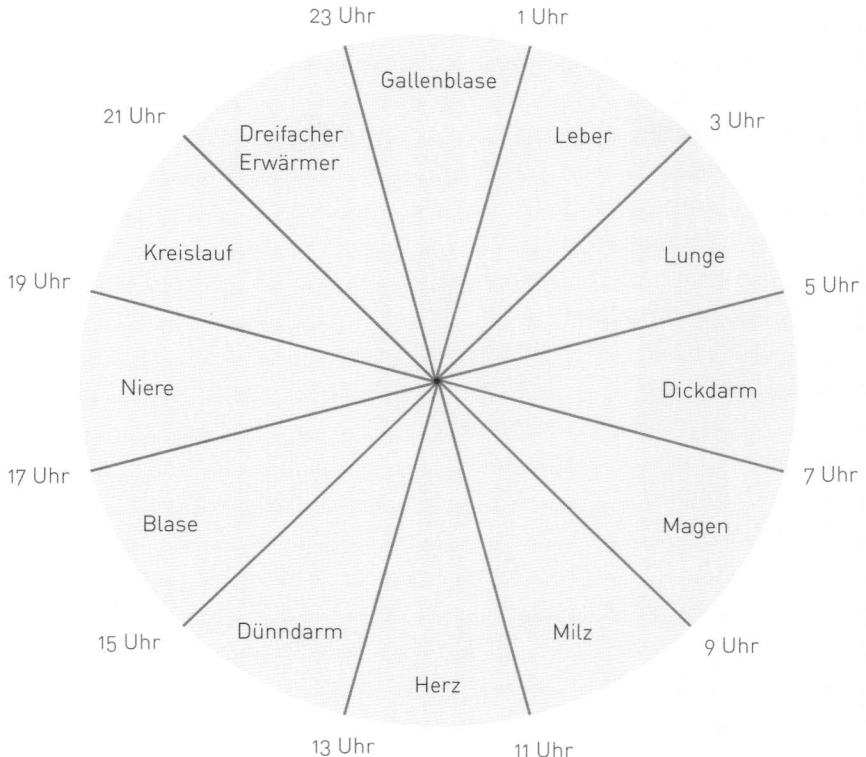

- **Einfaches Essen schmeckt wunderbar!**
Entdecken Sie wie köstlich einfache Speisen schmecken können. Es braucht nicht unzählige Zutaten, um ein Gericht interessant und wohl- schmeckend zu machen. Oft sind es ganz wenige – allerdings qualitativ hochwertige – Zutaten, die das beste Geschmackserlebnis ergeben. Erinnern Sie sich an einfache Speisen, die Sie immer wie- der gerne essen – vielleicht Kartoffelpüree mit Butter?

- **Essen Sie ohne Schuldgefühle**
Ein Essen, welches Sie mit schlechtem Gewissen zu sich nehmen, wird Ihnen garantiert „im Magen liegen". Essen Sie mit Freude und Genuss – las- sen Sie sich Ihr Essen nicht „mies machen". Wenn

Ihre neuen Ess-Gewohnheiten die Umwelt irritie- ren, hören Sie auf sich und Ihren Bauch. Denken Sie daran, dass Sie sich wohlfühlen müssen und tun Sie weiterhin, was Sie für richtig halten.

- **Nur das Beste ist für Sie gut genug!**
Denken Sie darüber nach, was es bedeutet, sich selbst und anderen Essen zuzubereiten. Nahrung, das sind Substanzen, die Teil eines lebenden Körpers werden. Sie verdienen das Beste und die Menschen, die Sie lieben eben- falls! Drücken Sie durch die Wahl Ihrer Speisen aus, wer Sie sind: ein schönes, gesundes, mit- fühlendes, intelligentes, menschliches Wesen. Greifen Sie daher zu Lebensmitteln, die schön aussehen, gut duften und gut schmecken.

Ungünstige Ernährungsgewohnheiten meiden

In der 5-Elemente-Ernährung gibt es keine Verbote. Verbote machen nur schlechtes Gewissen und das wollen wir vermeiden. Wenn Sie sich erinnern, war ganz am Anfang vom „Übermaß" die Rede. Kleinere Abweichungen sind normal und kommen vor. Ihre Ernährungsform sollte flexibel sein und in den Alltag integrierbar. Machen Sie sich nicht zum „Sonderling", weil Sie alles „ganz richtig" machen wollen. Wichtig ist, dass Sie gegensteuern, wenn Ihr Wohlbefinden nicht so ist, wie Sie es sich erwarten. Dazu kann die Vermeidung folgender Punkte hilfreich sein:

- Übermaß an Rohkost und Südfrüchten
  Große Mengen Rohkost und Südfrüchte sind energetisch gesehen kühlend für uns. Besonders in den Wintermonaten führt bei vielen Menschen ein übermäßiger Konsum davon zu Verdauungsstörungen und Kältegefühlen. Kurzes Dünsten oder Kompott statt Obst ist dann die bessere Alternative.

- Eisgekühlte Getränke
  Der Genuss von eisgekühlten Getränken, insbesondere Getränken mit Eiswürfeln, schwächt die „Mitte" und blockiert den Qi-Fluss von Magen und Milz. Wenn Sie zu Kältegefühlen neigen, sollten Sie ganz auf kalte Getränke verzichten – bevorzugen Sie stattdessen eine heiße Suppe, Tee oder lauwarmes (noch besser: heißes) Wasser.

- Übermaß an Milchprodukten
  Ebenso wie große Mengen Rohkost und kalte Nahrung können große Mengen Milchprodukte, vor allem reine Milchmahlzeiten (z.B. 1/2 l Buttermilch, Molkegetränke) bei empfindlichen Menschen zu Verdauungsstörungen führen. Durch die energetisch kühlende Wirkung wird der Funktionskreis Milz/Pankreas geschwächt und es kommt zu Feuchtigkeit und Schleim im Körper, was sich oftmals in Übergewicht äußert (siehe auch Seite 113).

- Anstrengende Gespräche während des Essens
  Diskussionen und schwierige Gespräche während der Mahlzeiten können zu Nahrungsstagnation und Blockaden führen – die Speisen werden dadurch unbekömmlich bzw. werden schlecht vertragen. Vermeiden Sie Gespräche über Schulnoten mit Ihren Kindern während des Essens.

- Zu öliges, fettiges Essen - Übermaß an Süßmitteln und Fleisch
  Sehr ölige, fette, zu süße Speisen und ein Übermaß an Fleisch blockieren den Qi-Fluss. Dadurch kommt es zu Hitze, Schleim und Feuchtigkeit im Körper, Übergewicht wird dadurch begünstigt (siehe Hinweise Seite 113).

- Sehr spätes und üppiges Essen
  Üppiges Essen am Abend – insbesondere Fleischmahlzeiten – blockiert den Qi-Fluss und führt zu Nahrungsstagnation. Der Funktionskreis von Milz/Pankreas ist dadurch überfordert, es kommt zur Bildung von Feuchtigkeit und Schleim, was wiederum Übergewicht fördert.

Die 5-Elemente-Küchenpraxis

Das „Kochen nach den 5 Elementen" hat seine eigenen Prinzipien. Allerdings muss man dazu sagen, dass diese Regeln vorwiegend bei uns im Westen aufgestellt wurden, um das Konzept dieser Ernährungslehre lehr- und lernbar zu machen. Wenn Sie Asiaten darauf ansprechen, werden diese nicht wirklich etwas mit den Begriffen anzufangen wissen – ABER die asiatische Kochkunst beruht auf diesen Leitsätzen. Wenn wir unsere traditionellen Speisen genauer betrachten, so finden wir ähnliche Richtlinien, wie z.B. eine Prise Salz für den Kuchenteig – das hebt den Geschmack und macht den Kuchen bekömmlicher.

Kochen im Zyklus

Für manche ist es etwas Magisches, für andere ist es kompliziert und umständlich – das sogenannte „Kochen im Kreis" bzw. „Kochen im Fütterungszyklus". Basis für das „Im-Kreis-Kochen" ist die Fünf-Elemente-Lehre. Wenn wir uns die kreisförmige Anordnung der Elemente oder Wandlungsphasen ansehen, dann spiegelt sich darin der immer wiederkehrende Ablauf unserer verschiedenen Lebensphasen – von Geburt, Wachstum und Reife bis zum Tod – bzw. auch der Verlauf der

29

Jahreszeiten wieder. Jede Phase bringt eine andere hervor und man spricht deshalb auch von einem Mutter-Kind-Verhältnis zwischen zwei aufeinanderfolgenden Elementen: Holz ist der Brennstoff für Feuer, Feuer bringt Erde (Asche) hervor, Erde enthält Metall (Erze), Metall kondensiert Wasser und Wasser ist nötig, um Holz (Pflanzen) wachsen zu lassen. Durch diesen Hervorbringungs- oder Fütterungszyklus wird ausgedrückt, dass die einzelnen Elemente einander stärken, so wie die Mutter ihr Kind füttert.

Im Zyklus kochen bedeutet, Speisen so zuzubereiten, dass die einzelnen Zutaten in der Reihenfolge der Elemente zugegeben werden. So wird meist für Suppen zuerst das Wasser erhitzt (Feuer), dann werden Gemüse zugegeben (z.B. Kartoffeln, Mohrrüben aus dem Erdelement) und dann die Gewürze in der weiteren Reihenfolge.

Wie eingangs schon erwähnt, ist das Kochen im Zyklus ein interessanter Aspekt der chinesischen Ernährungslehre – ohne dort wirklich schriftliche Aufzeichnungen und Regeln dafür zu finden. In der westlichen Literatur gibt es unterschiedliche Interpretationen und Empfehlungen für das „Kochen im Kreis". Wenn Sie Lust haben, probieren Sie es aus und achten auf die Reihenfolge, aber machen Sie sich keinen Stress damit. Kochen soll Freude machen, Entspannung bringen und zum Experimentieren anregen.

Das „Kochen im Kreis" sollte nicht dafür benutzt werden, dass ungesunde Kombinationen von Zutaten einen „gesunden Stempel" aufgedrückt bekommen. Essen wird nicht gesünder, nur weil es „im Zyklus" zubereitet ist– vielmehr beruht die positive Wirkung der 5-Elemente-Küche auf einer richtigen Kombination von qualitativ hochwertigen Zutaten und dem Wissen um die Thermik und Geschmacksrichtung einzelner Lebensmittel.

Die richtige Reihenfolge, in der die Zutaten in den Topf kommen spielt in der chinesischer Ernährungslehre eine große Rolle.

Der 5-Elemente-Zyklus

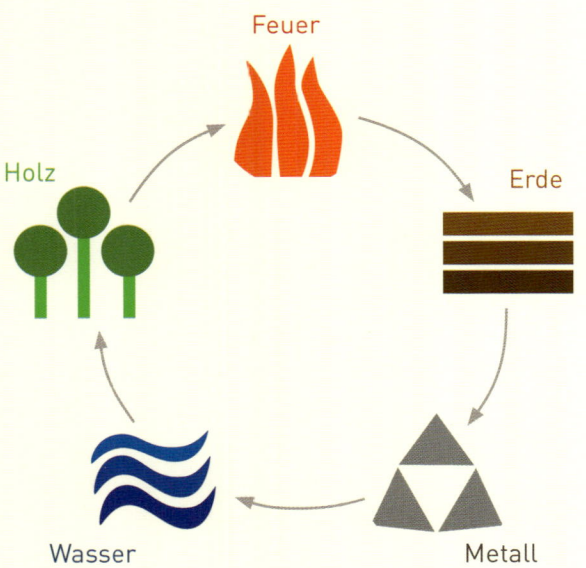

In den Rezepten dieses Buches sind die Informationen zur Zugehörigkeit der Zutaten zu den Elementen mit nachfolgenden Symbolen angegeben und die Speisen sind „im Kreis" zubereitet.

≡ Erde
▲ Metall
≈ Wasser
🌳 Holz
🔥 Feuer

Die Symbole und ihre Zuordnung zu den Elementen

Vom richtigen Umgang mit Getreide und Co

Dieses Buch möchte Ihnen die 5-Elemente-Ernährung und die Aspekte der Traditionellen Chinesischen Medizin näher bringen. Gleichzeitig soll das Vorurteil ausgeräumt werden, dass diese Ernährungsform nur für experimentierfreudige Exoten geeignet und sehr aufwändig ist. Der erste Grundsatz lautet: Verwenden Sie saisonale und regionale Zutaten! Das, was die Natur und Umgebung in der jeweiligen Jahreszeit für uns bereit hält ist normalerweise auch genau das, was unserem Körper gut tut.

Nichtsdestotrotz beinhalten die Rezepte Zutaten, die – streng gesehen – nicht wirklich heimisch bei uns sind, wie z.B. Zimt, Nelke und Vanille. Historisch gesehen verwenden wir diese Zutaten aber bereits seit vielen Jahren. Sie sind auch aus unseren Küchen kaum mehr wegzudenken. Aufgrund ihrer positiven Wirkung auf unseren Körper sind Kräuter und Gewürze ein wichtiger Bestandteil

Kräuter sollten möglichst immer frisch verwendet werden. (Foto: Robyn Mackenzie/shutterstock.com)

der 5-Elemente-Ernährung. Sie finden bei den Rezepten ausführliche Information zu einzelnen „exotischen" Zutaten und deren Wirkung auf unseren Körper.

Kräuter und Gewürze

Es empfiehlt sich, Kräuter wie Basilikum, Dill, Petersilie und andere als frisches grünes Kraut zu verwenden. Stellen Sie die dekorativen Kräuter als Topfpflanze auf Ihr Küchenfenster oder bewahren Sie geschnittene Kräuter im Kühlschrank auf. In ein nassfeuchtes Tuch gewickelt halten die Kräuter in der Gemüselade bis zu einer Woche und bleiben frisch.

Gewürze und Kräuter – als Tee eine Wohltat für den Körper

Fast alle Gewürze oder Kräuter sind als Tee zum Genuss geeignet. Für eine therapeutische Wirkung nimmt man 1 TL des getrockneten Gewürzes (z.B. Thymian, Oregano, Basilikum, Kümmel, Salbei, Wacholder, Anis, Fenchel, Gewürznelken) auf ½ l Wasser.

Der Tee wird aufgekocht und bei Kräutern gilt: 5 Minuten zugedeckt ziehen lassen. Bei Gewürzen aus Samen, wie z.B. Wacholder oder Kümmel empfiehlt es sich, diese 5–10 Minuten zugedeckt kochen zu lassen, damit die Wirkstoffe aus der harten Schale gelöst werden. Wenn Samen mit dem Mörser kurz zerstoßen werden, genügt auch hier ein kurzes Übe-brühen.

Grundsätzlich gilt: Tees aus Kräutern und Gewürzen nie länger als 3 Tage hintereinander trinken, sondern regelmäßig wechseln! Jeder Tee hat seine eigene Wirkung und so wird der Körper durch immer wieder neue Reize stimuliert.

Salz ist aus der Küche nicht wegzudenken. Es empfiehlt sich, natürliches Stein- oder Meersalz zu verwenden. (Foto: Joana Wnuk/shutterstock.com)

Salz

Salz ist ein wichtiger Mineralstofflieferant und eines der wichtigsten Gewürze in der Küche. Die Salzvorkommen in unseren Bergen sind Kristallsalze, die sich nach dem Rückzug des Meerwassers im Gestein gebildet haben. Dieses Salz ist Jahrtausende alt und wird bis heute abgebaut und verarbeitet. Ursprünglich hat dieses Salz alle Mineralstoffe und Spurenelemente, die der Körper braucht, in sich vereint. Durch die industrielle Verarbeitung – das Salz wird gereinigt, konzentriert und rieselfähig gemacht – bleibt ein isoliertes Produkt, Natriumchlorid, übrig. Neueste Untersuchungen weisen darauf hin, dass dieses Salz – aufgrund der fehlenden ursprünglichen Zusatzelemente – aggressive Reaktionen im Körper verursacht. Außerdem nehmen wir sehr große Mengen „versteckte Salze" zu uns, weil im Großteil der Halbfertig- und Fertigprodukte Salz zur Haltbarmachung verwendet wird.

Salz ist wichtig und gesund, aber auf Qualität sollten Sie achten. Als Alternativen zum Industriesalz bieten sich Steinsalz, Kristallsalz und Meersalz an.

Fette und Öle

Fette und Öle sind zur Erhaltung unserer Gesundheit unabdingbar und aus der Küche nicht wegzudenken. Wir unterscheiden tierische (z.B. Butter) und pflanzliche Fette (diverse Öle, wie z.B. Olivenöl, Leinöl, Kürbiskernöl). Butter – idealerweise

Bio-Butter – ist in Maßen genossen ein gesundes, vitales Lebensmittel und jeglicher Margarine vorzuziehen. Es klingt paradox, doch viele Zivilisationskrankheiten entstehen aus einem Mangel an hochwertigem Fett. Deshalb ist es wichtig auf Qualität zu achten, besonders hochwertig sind kaltgepresste Öle. Diese sollten nur sanft erhitzt werden, da sonst ihre wertvollen Inhaltsstoffe verloren gehen.

Ein inzwischen auch bei uns weit verbreitetes Küchenöl ist das Olivenöl. Die Unterscheidung der Qualität erfolgt durch verschiedene Klassifizierungen. Natives Olivenöl wird ausschließlich durch mechanische und physikalische Verfahren aus Oliven gewonnen. Es handelt sich um das Öl der Frucht und – im Gegensatz zu anderen pflanzlichen Ölen – nicht um ein Samenöl. Dieses Öl hat keine anderen Behandlungen erfahren als Reinigen, Zermahlen, Pressen, Zentrifugieren und Filtrieren – es ist also nicht raffiniert. Minderwertiges natives Olivenöl muss durch Raffinieren zum Verzehr aufbereitet werden. Dieses ist dann als raffiniertes Olivenöl oder Olivenöl (eine Mischung aus raffiniertem und nativem Olivenöl) im Handel. Erkennbar sind diese Öle an der hellen Farbe, sie haben kaum bzw. gar keinen Eigengeschmack sowie einen geringen Gehalt an freien Fettsäuren. Die gesundheitliche Wirkung von Olivenöl liegt an den sogenannten „einfach ungesättigten Fettsäuren", welche unser Cholesterin im Blut günstig beeinflussen und das Risiko für Herzerkrankungen senken.

Weitere hochwertige Öle sind Distelöl, Weizenkeimöl, Sesamöl, Sonnenblumenöl, Leinöl und Kürbiskernöl. Die sehr wohlschmeckenden Nussöle wie Haselnussöl, Walnussöl, Mandelöl sind aufgrund ihres höheren Preises bereits als Genussmittel anzusehen. Ihre Verwendung für Salate und als Beigabe für den morgendlichen Getreidebrei ist aufgrund des intensiven Wohlgeschmacks sehr zu empfehlen.

Kaltgepresstes Olivenöl ist eines der hochwertigsten Öle in der Küche. (Foto: Olga Miltsova/shutterstock.com)

Gewürzöle – eine nette Geschenkidee

Das Herstellen von Gewürzölen ist einfach. Geben Sie Ihr Lieblingskraut (z.B. Thymian, Majoran, Basilikum, Estragon) – gewaschen und abgetrocknet (es darf wirklich kein Wasser mehr auf den Kräutern sein!) – oder Ihr Lieblingsgewürz (z.B. Gewürznelken, Wacholderbeeren, Lorbeerblatt, Kümmel – ganze Samen kurz im Mörser zerstoßen) in eine dekorative Flasche. Füllen Sie die Flasche mit Olivenöl oder Sonnenblumenöl und stellen Sie dieses Öl 4–6 Wochen an einen schattigen Ort in Ihrer Küche.

33

Getreide und Hülsenfrüchte gehören
zu den wertvollsten Lebensmitteln überhaupt.
(Foto: melis photography/shutterstock.com)

Getreide und Hülsenfrüchte

Getreide, das als ganzes Korn verwendet wird (z.B. Reis, Hirse, Dinkel), sollte vor der Verwendung in einem Sieb mit Wasser mehrmals durchgewaschen werden – bis das Wasser klar ist. Ebenso verfährt man mit Hülsenfrüchten, wie Linsen und Bohnen.

Alle Getreidesorten können im Verhältnis zwei Teile Wasser und ein Teil Getreide zubereitet werden. Erhitzen Sie die notwendige Menge Wasser und rühren Sie das Getreide hinein. Sobald das Wasser wieder aufkocht, reduzieren Sie die Hitze und lassen das Getreide zugedeckt sieden, bis das Wasser vollständig aufgenommen ist. Als Grundregel gilt: Das Getreide ist durch, sobald es weich ist. Einige Angaben für die ungefähre Kochzeit finden Sie in nachstehender Tabelle:

Hülsenfrüchte wie Bohnen, Linsen, Erbsen u.a. sind schwer verdaulich, was sich zumeist in Völlegefühl und Blähungen äußert. Trotzdem sind sie äußerst wertvolle Lebensmittel und sollten regelmäßig konsumiert werden. Bei Beachtung folgender Zubereitungshinweise werden Hülsenfrüchte normalerweise gut vertragen: Bohnen und Erbsen mindestens 8 Stunden in Wasser einweichen,

Kochzeiten wichtiger Getreidearten

Getreideart	Kochzeit
Reis geschält (z.B. Basmati, Rundkorn)	20–25 Minuten
Buchweizen	20 Minuten
Hirse	20 Minuten
Haferflocken (roh)	20–25 Minuten
Haferflocken (vorgedämpft)	10 Minuten
Getreidekörner (Weizen, Roggen, Dinkel)	60–90 Minuten
Gerste	30–40 Minuten
Getreidereis (z.B. Dinkelreis, Haferreis, Einkornreis)	20–25 Minuten

Linsen etwa 4–6 Stunden einweichen (rote Linsen brauchen nicht eingeweicht werden). Das Einweichwasser abgießen, die Hülsenfrüchte abspülen und anschließend in einem Topf mit frischem Wasser aufkochen. Nach dem ersten Aufkochen die Hülsenfrüchte ohne Deckel weich kochen, so ist das Entweichen von Gasen möglich. Falls Schaum entsteht, sollte dieser sorgfältig abgeschöpft werden.

Getrocknete Hülsenfrüchte

Samen von Bohnen, Erbsen und Linsen sind getrocknet jahrelang haltbar und füllen seit Urzeiten die Vorratskammern aller Völker. Hülsenfrüchte sind die wichtigsten Eiweißlieferanten aus dem Pflanzenreich. Sie enthalten zwar nicht alle essentiellen Aminosäuren in ausreichenden Ausmaß, aber bereits unsere Vorfahren fanden heraus, dass sie – gemeinsam mit Getreide zubereitet – eine hochwertige und vollständige Mahlzeit darstellen. Durch die moderne Landwirtschaft wurden Hülsenfrüchte zu Viehfutter degradiert. Schenken Sie Ihnen wieder mehr Beachtung und nutzen Sie die hervorragenden Eigenschaften für Ihre Gesundheit!

Sprossen – Bio-Gemüse aus der eigenen Küche

Sie können selber Bio-Gemüse anbauen – ohne großen Garten. Die einfachste Möglichkeit dafür sind Sprossen aus Samen, Getreidekörnern oder Hülsenfrüchten. Da im Samen alle Anlagen der zukünftigen Pflanze vorhanden sind, hat er ein unglaubliches Potential. Mit der Keimung – stimuliert durch Wasser und Licht - beginnen erstaunliche chemi-

Keimlinge können aus Getreide, Hülsenfrüchten und Ölsaaten ganz einfach auf dem Fensterbrett gezogen werden.
(Foto: Jo Mikus/shutterstock.com)

sche Vorgänge. Alles im Samenkorn arbeitet darauf hin, das Wachstum optimal zu fördern. Es entstehen neue oder vermehrte essentielle Aminosäuren und Vitamine, Stärke wird aufgeschlossen und steht für Stoffwechselprozesse zur Verfügung. Ein Keimling wächst in wenigen Tagen und vervielfacht den Wert seiner Inhaltsstoffe. Sprossen sind sozusagen prall gefüllt mit Enzymen, Vitaminen und Mineralstoffen.

Die Entdeckung dieser versteckten Kräfte der kleinen Sprossen und Keimlinge reicht Jahrtausende zurück. In Europa steckt ihre Bedeutung noch in den Anfängen. Dabei ist es einfach, Keimlinge und Sprossen selbst zu ziehen und in die täglichen Mahlzeiten zu integrieren. Besonders gut dazu geeignet sind Keimgläser und Tonkeimer oder auch ein „Sprossogon" (Infos dazu unter www.vitalkueche.at). Im Fachhandel gibt es die unterschiedlichsten Modelle. Es geht aber auch ganz einfach mit einem Marmeladeglas, einem Tuch (z.B. Mullbinde oder Insektengitter) und einem Gummiband.

Im Prinzip können Sie es mit allen – chemisch unbehandelten – Samen versuchen. Besonders gut geeignet sind Samen aus Getreide, Hülsenfrüchte und Ölsaaten. Getreide (Weizen, Roggen, Hirse, Hafer, Gerste, Dinkel) brauchen Einweichzeiten von 8–10 Stunden. Dann werden die Keime

3–4 Tage gezogen – regelmäßiges „wässern" (durch Schwemmen mit frischem Wasser) ist wichtig. Sobald der Keimling etwa Samenkornlänge erreicht hat, kann geerntet werden.

Hülsenfrüchte sollten auch 8 – 10 Stunden eingeweicht werden. Keimlinge von Bohnen, Erbsen oder Linsen sind nach etwa drei Tagen zum Verzehr geeignet, sollten allerdings kurz mit heißem Wasser blanchiert oder kurz mitgekocht werden.

Besonders schmackhaft sind Keimlinge aus Öl- oder anderen Saaten, wie z.B. Alfalfa (Luzerne), Bockshornklee, Kresse, Leinsamen, Radieschen, Rettich oder Senf. Die Einweichzeit kann hier gänzlich entfallen, nach 3–4 Tagen sind die Keimlinge reif zum Ernten und können frisch als Salat verzehrt werden.

Bitte beachten: Sollten die Keimlinge einmal „schimmelig" werden, bitte diese unbedingt wegwerfen. Sie sind dann zum Verzehr nicht geeignet!

Der Einkauf auf einem lokalen Bauernmarkt ist ein Erlebnis für alle Sinne. (Foto: Denis Tabler/shutterstock.com)

Mit dem Einkauf fängt es an

So wie die Ernte bereits beim Pflügen beginnt – ohne vorbereiteten Boden wird das Saatgut nicht keimen – so wichtig ist es, bereits beim Einkauf auf die richtigen Zutaten zu achten. Gehen Sie wieder einmal über einen Wochenmarkt, besuchen Sie einen Bio-Bauernhof in Ihrer Nähe oder einen Naturkostladen und genießen die Vielfalt des Angebots. Sollte das nicht möglich sein, gehen Sie in den nächsten Supermarkt und erledigen Sie Ihre Einkäufe bewusst in der Obst- und Gemüseabteilung. Lassen Sie die Regale mit den wertlosen Fertigprodukten, Süßigkeiten und Limonaden links liegen. Wählen Sie frische Lebensmittel, Getreide und Hülsenfrüchte aus. Sie werden überrascht sein, wie schnell Ihr Einkauf erledigt ist – und wie viel Geld

Die neue 5-Elemente-Küche

Sie dabei sparen! Die ersparte Summe können Sie dann in die Qualität investieren und biologische Lebensmittel kaufen.

Das Argument des zeitaufwändigen „Zusammensuchens" von biologischen Lebensmitteln gilt nicht mehr. Die meisten Supermärkte haben bereits eine Auswahl an Bio-Produkten, regionale Verbände bieten Zustellservice und viele Trockenwaren (Getreide, Hülsenfrüchte, Nüsse) können sogar im Internet bestellt werden. Aber vergessen Sie nicht, ein gemütlicher Bummel über den Markt, das Riechen und Schmecken des Angebotenen – das ist ein Erlebnis, das Sie sich nicht entgehen lassen sollten.

Getreide und Hülsenfrüchte sind gut lagerfähig.
(Foto: Africa Studio/shutterstock.com)

Tipps zur Vorratshaltung

Schmackhafte und einfache Gerichte sind schnell „gezaubert". Voraussetzung dafür ist, dass Sie immer einige Basis-Zutaten in Ihrer Küche haben.

Alle Getreide, Hülsenfrüchte und Trockenfrüchte sind gut haltbar. Zur Lagerung eignen sich Gläser oder andere verschließbare Gefäße, die Sie an einem kühlen, trockenen Ort in Ihrer Küche aufbewahren. Bei Gewürzen ist es wichtig, dass diese möglichst luftdicht und dunkel aufbewahrt werden. Die dekorativen Gewürzständer für die Küche erfüllen den Zweck nicht. Durch das Tageslicht gehen die aromatischen Inhaltsstoffe verloren und die Gewürze werden leicht ranzig.

Vorschläge für Ihre Vorratshaltung

Getreide	Reis, Buchweizen, Hirse, Polenta, Grieß (Weizen- oder Dinkelgrieß), Quinoa
Hülsenfrüchte	Linsen, Kichererbsen, Bohnen (rote, schwarze, weiße)
Obst der Saison	Äpfel, Birnen, Aprikosen, Pfirsiche, Weintrauben, Beeren usw.
Gemüse der Saison	Mohrrüben, Zwiebel, Kartoffel, diverse Blattsalate, Fenchel, Zucchini, Pilze, Spinat, Auberginen
Kräuter	Petersilie, Dill, Zitronenmelisse, Minze, Koriander, Basilikum, Estragon usw.
Gewürze	Meersalz, Pfeffer, Paprikapulver, Kardamom, Zimt, Nelken, Bockshornkleesamen, Lorbeer, Thymian, Majoran, Rosmarin, Ysop, Oregano, Koriander, Curcuma, frische Ingwerwurzel, Meerrettich, Vanille, Sternanis usw.
Sonstiges	Trockenfrüchte (Aprikosen, Dörrpflaumen, Feigen, Datteln), hochwertige Öle (Olivenöl, Leinöl, Kürbiskernöl, Walnussöl u.a.), Apfelessig, Balsamico-Essig, Nüsse und Samen

Die 5-Elemente-Küchenpraxis

FINDEN SIE IHREN
Konstitutions-Typ

Wie schon in der Einleitung erwähnt, ist es hilfreich, wenn Sie auf die eigene Konstitution achten und Ihre tägliche Ernährung darauf abstimmen. Die Mahlzeiten sollen Ihr Wohlbefinden fördern und Sie nicht belasten. Befindlichkeitsstörungen haben oft Ihre Ursache in Speisen, die nicht so gut vertragen werden. Die Diagnostik nach TCM kann helfen und Anhaltspunkte liefern, wie sich die Situation verbessern lässt. Das Prinzip ist meist einfach: Wo zu viel Hitze ist, wird durch die Auswahl der Zutaten „gekühlt" und „erfrischt". Umgekehrt wird bei zu viel Kälte im Körper „erwärmt" und „genährt" – so kommt Ihr Körper wieder ins Gleichgewicht und Sie fühlen sich wohler. ErnährungsberaterInnen nach TCM unterstützen Sie dabei – eine Adressliste können Sie über die jeweilige Gesellschaften anfordern (Kontaktdaten finden Sie im Anhang).

Die Grundtypen

In der Beratungspraxis lassen sich grundsätzlich vier verschiedene Grundtypen, die in den folgenden Kapiteln kurz beschrieben werden, unterscheiden.

Nutzen Sie die Informationen und Fragebögen, um herauszufinden, welche Zutaten und Zubereitungsarten für Ihr Wohlbefinden förderlich sind. Anhand von typischen Symptomen, wie z.B. kalte Hände und Füße, häufiges Frösteln, eingeschlafene Gliedmaßen, Übergewicht ist eine individuelle Anpassung möglich. Grob skizzierte Ernährungsvorschriften und einfache, schnell nachzukochende Rezepte ermöglichen Ihnen einen Einstieg in die 5-Elemente-Ernährung – ohne exotische Zutaten und großen Aufwand. Im Infoteil bei den Rezepten werden einzelne Lebensmittel und ihre Wirkung auf den Körper detailliert beschrieben.

Möglicherweise werden Sie feststellen, dass Sie sich in mehreren Teilbereichen wieder finden. Gehen Sie davon aus, dass dort, wo Sie die meisten Fragen mit ja beantworten Ihr persönlicher Schwerpunkt liegt. In der Praxis treten häufig Mischformen auf bzw. ist es ganz normal, dass sich der Schwerpunkt auch verschieben kann. Frauen, die häufig frieren, sind oft über die neue Wärme in Ihrem Körper, verursacht durch die beginnenden Wechseljahre, ganz glücklich. Das ist ein typisches Beispiel dafür, dass wir in unterschiedlichen Lebensphasen andere Ansprüche an unsere Ernährung haben. Das Beachten der thermischen Wirkung von Lebensmitteln ist auch im jahreszeitlichen Verlauf wichtig. Im Sommer greifen wir eher zu kühlen, erfrischenden Speisen als im Winter.

Beachten Sie bitte: Die Einteilung auf den folgenden Seiten bietet Anhaltspunkte. Eine genaue, individuelle Diagnose, insbesondere wenn Sie bereits an Beschwerden leiden, kann nur ein erfahrener Arzt oder ein/e Ernährungsberater/in leisten.

Grundsätzlich ist jedes Rezept in diesem Buch für alle vier Grundtypen geeignet. Es kommt immer auf die Art der Zubereitung und Auswahl der Zutaten an, d.h. wenn Sie jemand sind der sich in der ersten Gruppe wiederfindet (Neigung zu Kältesymptomen)

können Sie natürlich auch das Rezept der nächsten Gruppe (Reis mit Birnenkompott) zubereiten. Aber achten Sie bitte darauf, dass Sie den Reis vorher anrösten (d.h. mehr Wärme in die Speise bringen) und zusätzlich wärmende Gewürze (z.B. Zimt, 1 EL Rotwein) verwenden. Durch das Austauschen der Zutaten können Sie die Ideen und Anregungen der Rezepte für sich adaptieren. Ebenso verfahren Sie, sobald Sie sich „im Gleichgewicht" fühlen. Vermeiden Sie das Extrem und stellen Sie sich eine ausgewogene Speise (siehe Seite 17) zusammen.

Auf den folgenden Seiten finden Sie die Einteilung in die vier Grund-Typen mit den jeweils passenden Rezepten. Die Bezeichnungen sind für ein logisches Verständnis an die Symptomatik angelehnt und der Vollständigkeit halber zusätzlich durch den diagnostischen Begriff der Traditionellen Chinesischen Medizin ergänzt. Das sind die vier Konstitutions-Typen:

KÄLTE: Qi- und Yang-Mangel

HITZE: Yin-Mangel

TROCKENHEIT: Blut- und Säftemangel

FEUCHTIGKEIT: Übergewicht und Stagnation

Finden Sie heraus, zu welcher Gruppe Sie tendieren und bereiten Sie die vorgeschlagenen Speisen für sich zu. Fühlen Sie die Wirkung auf Ihren Körper und genießen Sie das Wohlgefühl!

KÄLTE:

Wohlfühl-Rezepte für Qi und Yang – den Körper „wärmen"

Gehören Sie zu den Menschen, denen immer kalt ist, vor allem an Händen und Füßen? Sind sie häufig erkältet oder fühlen sich zerschlagen? Plagen Sie Verdauungsstörungen? Leiden Sie unter chronischer Müdigkeit oder haben Konzentrationsstörungen? Ist Ihre Ernährung sehr unregel–mäßig und besteht häufig aus kalten Mahlzeiten?

Nutzen Sie den folgenden Fragebogen: Wenn Sie die Mehrzahl der Symptome bei sich wiedererkennen, dann sollten Sie die Hinweise und Rezepte der nachfolgenden Seiten ausprobieren.

Warme Hände und Füße, ein wohliges Gefühl im Bauch, mehr Energie und Konzentrationsfähigkeit sind die Erfolgsfaktoren.

Allgemeine Tipps

Zur inneren Erwärmung und Stärkung ist besonders in den Wintermonaten Disziplin gefragt. Es ist wichtig, dass Sie auf ein wärmendes, nahrhaftes Frühstück achten, z.B. ein gekochter Getreidebrei aus Hirse oder Hafer mit wärmenden Gewürzen. Zusätzlich sollte es für Sie noch mindestens eine weitere warme Mahlzeit geben – lang gekochte Suppen und Eintöpfe sind einfach zuzubereiten und bieten viele Variationsmöglichkeiten. Nehmen Sie morgens oder mittags kleine Mengen eiweißreicher Zutaten zu sich, z.B. in Form von Nüssen, Samen, Ei, Fisch oder Fleisch. Obst sollten Sie in der Aufbauphase vorwiegend gedünstet oder als Kompott zu sich nehmen. Durch die Verwendung von Gewürzen (Zimt, Gewürznelke, Vanille u.ä.) wird das Kompott besonders schmackhaft und hat eine noch wärmendere Wirkung.

Rösten Sie Getreide und Nüsse an, dann bringen Sie mehr Wärme (Yang) in Ihre Speisen. Durch langes Kochen werden Getreide und Fleischsuppen energetisch stärkend. Kleine Mengen Alkohol zum Kochen haben einen ähnlichen Effekt – denken Sie an Rindfleisch oder Rotkohl mit Rotwein (siehe Seite 16).

	JA	NEIN
Ist Ihnen häufig kalt? Frösteln Sie oft?	X	
Sind Sie häufig erkältet?		X
Haben Sie eine Abneigung gegen kalte Getränke?	X	
Sind Sie häufig müde, abgeschlagen und können sich schwer konzentrieren?	X	
Haben Sie häufig Blähungen oder ein Völlegefühl?	X	
Ist Ihr Stuhl breiig, weich und haben Sie häufig Durchfall?	X	
Haben Sie häufig Rückenschmerzen im Bereich der Lendenwirbelsäule?		X
Müssen Sie häufig urinieren, der Urin ist klar und reichlich?		X
Müssen Sie nachts auf die Toilette?		X
Haben Sie häufig Blasenentzündungen?		X
Haben Sie viel Stress und sind überarbeitet?	X	
Machen Sie sich viele Sorgen, grübeln, sind ängstlich?	X	
Hatten Sie mehrere Geburten in kurzen Zeitabständen?		X
Haben Sie starke Süßgelüste?	X	
Essen Sie hauptsächlich Rohkost und Südfrüchte?	X	
Essen Sie viele Milchprodukte?	X	
Ernähren Sie sich vorwiegend von Tiefkühlkost?		X
Essen Sie häufig Konservennahrung und Fertigmenüs?		X
Essen Sie vorwiegend Brotmahlzeiten (Käsebrot u.a.)?	X	
Verzichten Sie meistens auf das Frühstück?		X
Haben Sie kürzlich bzw. öfters gefastet?		X

Wärmende und stärkende Zutaten

Folgende Zutaten sind besonders wichtig und sollten in möglichst vielen Mahlzeiten vorkommen:

Getreide	Hafer(flocken), Dinkel, Buchweizen, Hirse, Quinoa, Amaranth
Hülsenfrüchte	in der Aufbauphase nur kleine Mengen! Linsen, Bohnen, Kichererbsen
Gemüse	Mohrrübe, Kürbis, Fenchel, Kartoffel, Wurzelgemüse, Lauch, Zwiebel, Rotkohl, Weißkohl, grüne Bohnen, kleine Mengen bittere Blattsalate (Chicorée, Radicchio, Endivie u.a.), Pilze
Obst	Äpfel, Trockenfrüchte (einweichen oder mit kochen)
Fleisch	Rind, Huhn, Lamm, Pute, Wild
Fisch	Süßwasserfische
Kräuter/Gewürze	Alle frischen und getrockneten Küchenkräuter, Ingwer, Fenchel, Kardamom, Koriander, Kümmel, Muskat, Pfeffer, Wacholderbeeren, Vanille, Zimt, Lorbeer, Gewürznelke, Knoblauch, Rosmarin
Getränke	Heißes Wasser, Tee aus Rosmarin, Thymian, Bohnenkraut, Kümmel, Kardamom, Fenchelsamen, Getreidekaffee, Roter Traubensaft, Ingwertee, Fencheltee mit Anis und Kümmel, Rooibos oder Rotbusch-Tee, Ingwer-Vanille-Tee
Nüsse	Walnüsse, Haselnüsse, Sonnenblumenkerne, Mandeln, Pistazien
Sonstiges	kaltgepresste Öle, Ei, Trockenfrüchte, Maroni

Das sollten Sie vermeiden:

- Süßigkeiten, Kuchen, Speiseeis, Schokolade u.a.
- Milchprodukte als Mahlzeiten, z.B.: Buttermilch, Sauermilch, Molkegetränke, Joghurt(drinks)
- Rohkost im Übermaß: Tomaten, Gurken, Südfrüchte, rohes Obst, rohe Getreide (z.B.: Müsli)
- Denaturierte Nahrung: Konserven, Fertigsaucen, Light-Produkte, Tiefkühlkost, Süßstoff, Margarine

- Häufige Brotmahlzeiten
- Fruchtsäfte, eisgekühlte Getränke, Weizenbier, Weißwein, Sekt, kühlende Kräutertees (z.B. Pfefferminze, Kamille, Grüner Tee), Limonade, Colagetränke, Gemüsesäfte, Früchtetee
- Fasten, hungern, Frühstück ausfallen lassen

WOHLFÜHL-TIPP

Wenn Sie nachts zu kalten Füßen neigen, dann ziehen Sie zum Schlafen Socken an. Achten Sie bei Ihrer Kleidung darauf, dass Ihre Nierengegend (unterer Rückenbereich) immer gut bedeckt ist. Bauchfreie T-Shirts und zu kurze Pullover verstärken die Kältesymptome. Die Nierengegend können Sie durch regelmäßiges Einreiben mit einer Mischung aus neutralem Körperöl (Massageöl oder Babyöl) und einigen Tropfen Ingweröl erwärmen und stärken. An kalten Wintertagen hilft ein heißes Fußbad mit Ingwersud: einfach 4–5 Scheiben Ingwer in 2 l Wasser 15 Minuten zugedeckt kochen.

Geröstete Hirse mit Trockenfrüchten

Zutaten für 2 Portionen

- ▭ 100 g Trockenfrüchte
  (z.B. Aprikosen, Dörrpflaumen, Datteln)
  200 ml roter Traubensaft
  100 g Hirse
  ½ TL Zimt
  ½ Nelken gemahlen
  4 EL Walnüsse,
  2 TL Leinöl
- ▲ 1 TL Ingwer (frisch gerieben)
- ≈ 1 Prise Salz
- 🌱 Saft einer halben Bio-Zitrone
- 🔥 2 EL Rotwein oder ½ TL Kakaopulver
  300 ml heißes Wasser

Zubereitung

Trockenfrüchte über Nacht in Traubensaft einweichen.

In einer Pfanne Hirse unter ständigem Rühren kurz anrösten, mit heißem Wasser aufgießen. Hirse mit Ingwer, Salz, Zitronensaft und Rotwein oder Kakaopulver würzen und zugedeckt 15–20 Minuten weich kochen. Bei Bedarf weiteres Wasser zugießen.

In der Zwischenzeit die Trockenfrüchte mit dem Traubensaft in einen kleinen Topf geben. Mit Zimt und Nelkenpulver würzen und einige Minuten zu einem Kompott einkochen.

Walnüsse hacken. Hirse auf zwei Schalen aufteilen, Kompott darauf anrichten und mit Walnüssen bestreut und Leinöl beträufelt servieren.

Pro Portion: 11 g Eiweiß, 78 g Kohlenhydrate, 20 g Fett, 550 Kilokalorien

INFO

Die Bezeichnung „Nelke" stammt von dem mittelhochdeutschen Wort „negellin", das Nägelchen bedeutet und das Aussehen der Gewürznelke treffend beschreibt. Die Gewürznelke kam bereits vor langer Zeit zu uns. Hildegard von Bingen bezieht sich in ihren Schriften auf die Heilwirkung der Gewürznelken als erwärmendes, blähungstreibendes und desinfizierendes Gewürz und setzte sie bei Gicht, Kopfschmerzen und Wassersucht ein. Die Wirkung in den Speisen ist besonders durchblutungsfördernd für die Darmschleimhaut und dadurch stoffwechselanregend und entkrampfend. Bekannt ist auch, dass Nelkenöl Zahnschmerzen beruhigt.

KÄLTE: Wohlfühl-Rezepte für mehr Qi und Yang - den Körper „wärmen"

Lebkuchenpolenta mit Apfel

Zutaten für 2 Portionen

- 400 ml Soja- oder Reismilch
- 200 g Polenta
- Honig oder Agavendicksaft nach Geschmack
- 2 Äpfel
- 1 EL Lebkuchengewürz
- 1 Prise Salz
- Saft einer halben Bio-Zitrone
- ½ TL getrocknete Orangenschalen

Zubereitung

Die Milch mit getrockneten Orangenschalen, Polenta, Lebkuchengewürz und Salz verrühren und in einem Topf unter Rühren aufkochen. Hitze reduzieren und zugedeckt 10–15 Minuten quellen lassen, hin und wieder umrühren.

In der Zwischenzeit Äpfel waschen, Kerngehäuse entfernen und in Spalten schneiden. Apfelspalten in wenig Wasser mit Zitronensaft für einige Minuten weich dünsten.

Polenta mit Apfelspalten anrichten und warm servieren. Nach Belieben mit Honig oder Agavendicksaft süßen.

Pro Portion: 41 g Eiweiß, 97 g Kohlenhydrate, 22 g Fett, 760 Kilokalorien

INFO

Lebkuchengewürz besteht aus wärmenden Zutaten wie Zimt, Gewürznelke, Sternanis, Ingwer, Muskatnuss und Kardamom - genau das Richtige für die kalte Jahreszeit oder wenn Sie häufig unter Kältegefühlen leiden.

Haferflocken mit Weintraubenkompott

Zutaten für 2 Portionen

- 100 g Haferflocken
- 4 EL Sonnenblumenkerne
- 350 ml Reis- oder Sojamilch
- 150 ml Apfelsaft
- 200 g Weintrauben
  (oder anderes saisonales Obst)
- ½ TL Zimt
- 1 TL Ingwer (frisch gerieben)
- 1 Prise Kardamompulver
- 1 Prise Salz
- Saft einer halben Bio-Zitrone
- Kakaopulver nach Geschmack

Zubereitung

Haferflocken mit den Sonnenblumenkernen im Topf kurz anrösten und dann mit der Milch aufgießen. Mit Ingwer und Salz würzen und die Mischung 5–10 Minuten auf kleiner Flamme kochen lassen. Bei Bedarf weitere Milch nachgießen.

Weintrauben waschen und halbieren. Apfelsaft mit Weintrauben, Kardamompulver, Salz und Zitronensaft vermischen und für einige Minuten weich dünsten.

Haferbrei auf zwei Schüsseln verteilen, mit etwas Kakaopulver bestreuen. Weintraubenkompott darauf anrichten und servieren. Bei Bedarf mit etwas Honig süßen.

Pro Portion: 38 g Eiweiß, 55 g Kohlenhydrate, 33 g Fett, 670 Kilokalorien

TIPP

Der Haferflockenbrei kann statt mit Milch auch mit Wasser zubereitet werden. Schneller und einfacher bereiten Sie Ihr Frühstück zu, wenn Sie die Haferflocken kochen und gegen Ende der Garzeit das Obst direkt in den Getreidebrei geben und kurz mit kochen.

Es ist eine Frage des persönlichen Geschmacks, ob Sie alles als Brei vermischt haben möchten oder auf die optische Trennung – Brei und Kompott – Wert legen.

KÄLTE: Wohlfühl-Rezepte für mehr Qi und Yang – den Körper „wärmen"

Die neue 5-Elemente-Küche

Kräuter-Rührei

Zutaten für 2 Portionen

- ▬ 4 Eier
- 1 EL Raps- oder Olivenöl
- ▲▲ 1 TL Ingwer (frisch gerieben)
- Pfeffer
- ½ TL Koriander gemahlen
- 1 Bund Schnittlauch
- ≋ Salz
- ♈ ½ Bund Petersilie und/oder Koriander
- ♨ 50 g Rucola
- einige Zweige frischer (Zitronen-)Thymian
- 1 Zweig Rosmarin

Zubereitung

Die Eier aufschlagen und in einer Schüssel mit Ingwer, Pfeffer, Koriander und Salz verrühren.

Schnittlauch in Röllchen schneiden. Petersilie oder Koriander und Rucola fein hacken, Thymian und Rosmarin von den Stielen rebeln und ebenfalls fein hacken.

Öl in einer Pfanne erhitzen, Eier zugeben, Kräuter und Rucola hinzufügen und mit einem Holzspatel sanft verrühren bis ein Rührei entsteht.

Pro Portion: 15 g Eiweiß, 1 g Kohlenhydrate, 17 g Fett, 220 Kilokalorien

TIPP

Kräuter-Rührei mit gekochtem Getreide wie Hirse oder Quinoa, getoastetem Brot oder gekochten Kartoffeln servieren.

INFO

Bis vor kurzem fand man in unseren Küchen Koriander nur in Form der Samen, welche zerstoßen oder gemahlen zum Würzen von Fleischspeisen verwendet wurden. Als Brotgewürz waren Koriandersamen im ländlichen Raum schon immer weit verbreitet. Inzwischen haben viele den aromatischen Geschmack von frischem grünen Koriander (sieht fast so aus wie Petersilie) kennen und lieben gelernt. Koriander wird in der asiatischen Küche verschwenderisch eingesetzt und ist inzwischen auch auf unseren Märkten zu finden. Sowohl die Koriandersamen als auch die grünen Blätter fördern die Verdauung, vermeiden Blähungen und Krämpfe.

Grießsuppe mit Frühlingszwiebeln und Mohrrüben

Zutaten für 2 Portionen

- 1 EL Olivenöl
- 2 Mohrrüben
- 2 Frühlingszwiebeln
- 1 Prise Muskat
- Pfeffer
- Salz
- 100 g Dinkelgrieß
- ½ Bund Petersilie
- 2 Wacholderbeeren
- 700 ml heißes Wasser oder Gemüsebrühe

Zubereitung

Mohrrüben putzen und grob reiben. Frühlingszwiebeln waschen und in Ringe schneiden.

Olivenöl in einem Topf erhitzen, darin Mohrrübenraspeln und Frühlingszwiebel anrösten. Mit Muskat, Pfeffer und Salz würzen.

Grieß zugeben, kurz mit rösten und dann mit heißem Wasser oder Gemüsebrühe aufgießen. Wacholderbeeren zugeben und die Suppe und 10–15 Minuten bei kleiner Hitze quellen lassen.

Petersilie fein hacken und die Suppe damit bestreut servieren.

Pro Portion: 5 g Eiweiß, 43 g Kohlenhydrate, 6 g Fett, 250 Kilokalorien

INFO

Speisen werden mit Wacholder bekömmlicher und sollten Sie doch einmal zu üppig gegessen haben, kauen Sie einfach nach dem Essen eine Wacholderbeere. Das hilft bei der Verdauung oder beseitigt Sodbrennen.

Haferflockensuppe mit Gemüse

Zutaten für 2 Portionen

- ▤ 1 EL Sesamöl
- 2 Mohrrüben
- 200 g Chinakohl
- ▲ 100 g Haferflocken
- 2 Frühlingszwiebeln
- 1 TL Bockshornkleesamen
- Pfeffer
- ≋ Salz
- ▮▮ Saft einer halben Bio-Zitrone
- ▲ 1 Prise Paprikapulver
- 700 ml heißes Wasser

Zubereitung

Frühlingszwiebeln waschen und in Ringe schneiden. Mohrrüben putzen und in kleine Würfel schneiden. Chinakohl waschen und in dünne Streifen schneiden.

Sesamöl erhitzen, Frühlingszwiebeln sanft anbraten. Haferflocken zugeben, mit Bockshornkleesamen, Pfeffer, Salz, Zitronensaft, Paprikapulver würzen und mit heißem Wasser aufgießen. Mohrrüben zugeben und 15–20 Minuten auf kleiner Flamme zugedeckt kochen.

Zum Schluss Chinakohl unterrühren und kurz ziehen lassen. Bei Bedarf mit Salz und Pfeffer nachwürzen.

Pro Portion: 10 g Eiweiß, 43 g Kohlenhydrate, 9 g Fett, 300 Kilokalorien

TIPP

Beide Suppen sind als Frühstück – vor allem im Winter – sehr zu empfehlen. Die Suppe wird noch stärkender, wenn Sie gewürfeltes Hühnerfleisch oder fein geschnittenes gekochtes Rindfleisch dazu geben.

Wärmende Rinder-Kraftbrühe

Zutaten für 4–6 Portionen

- ▬ Fleisch und Knochen vom Rind (ca. 1 kg)
- 1 Zimtstange
- 4 Mohrrüben
- 1 Knollensellerie
- ▲ 4 Scheiben Ingwer (ungeschält)
- 1 Stange Lauch
- 4 Lorbeerblätter
- 1 TL Pfefferkörner
- 1 TL Koriandersamen
- 2 Stück Sternanis
- ≈ 1 TL Salz
- 🌳 2 Bio-Zitronenscheiben
- 1 Bund Petersilie
- 🔥 1 TL Wacholderbeeren
- 1 TL Bockshornkleesamen
- ½ TL Curcumapulver

Zubereitung

Fleisch und Knochen in einem Topf mit kaltem Wasser bedecken und aufkochen lassen, bis sich Schaum bildet. Diesen Sud abgießen, Fleisch und Knochen abspülen, Topf auswaschen. Alle Schaumreste sollen entfernt werden. Dann das Fleisch und die Knochen mit 3 Liter Wasser erneut erhitzen.

Die Mohrrüben waschen, Knollensellerie schälen und in grobe Stücke schneiden. Lauch waschen, in Ringe schneiden und das Gemüse zur Brühe geben. Dann mit Ingwer, Lorbeerblättern, Pfeffer- und Korianderkörnern, Sternanis, Salz, Zitronenscheiben, Petersilie, Wacholderbeeren, Bockshornkleesamen und Curcumapulver würzen.

Die Brühe mindestens 2 Stunden zugedeckt auf kleiner Flamme köcheln lassen. Je länger sie kocht, desto wärmender und nährender wird sie. Damit das Fleisch nicht zu sehr ausgekocht wird, dieses nach ca. 1 Stunde (sobald es gar ist) herausnehmen. Knochen weiter belassen. Am Ende der Kochzeit durch ein Sieb abseihen.

Pro Portion: 32 g Eiweiß, 8 g Kohlenhydrate, 36 g Fett, 480 Kilokalorien

INFO

Bockshornklee, eine fast vergessene Heilpflanze, wird in der heimischen Küche leider kaum mehr verwendet. Schon Hildegard von Bingen nutzte die positiven Eigenschaften von Bockshornklee. Die Samen des Bockshornklee haben einen angenehm würzig scharfen Geschmack und eignen sich sehr gut zum Ziehen von Sprossen. Außerdem können Sie Bockshornkleesamen zum Würzen von Hülsenfrüchten, Suppen, Fleisch, Fisch und Gemüsespeisen verwenden. Bockshornklee senkt den Blutzuckerspiegel, hilft bei Magen- und Verdauungsbeschwerden und senkt den Blutdruck. In der Naturheilkunde werden Kompressen mit Bockshornklee bei Gelenksentzündungen und Sportverletzungen eingesetzt.

TIPP

Diese Brühe kann als Basis für andere Suppen verwendet werden, die Sie dann mit frischen Zutaten (Gemüse, Kräuter, klein geschnittenem Fleisch) verfeinern. Es ist auch möglich, die Brühen-Essenz zwischendurch als stärkenden und wärmenden „Tee" zu trinken. Wenn Sie sie kochend heiß in Schraubgläser füllen, sofort verschließen und auf den Kopf stellen, sodass sämtliche Restluft entweichen kann, dann ist sie als „Konserve" im Kühlschrank 4–6 Wochen haltbar.

53

Hühnerkeulen mit Kastanien-Rotkohl

Zutaten für 4 Portionen

- ▬ 1 EL Butter
- 1 kleiner Rotkohl
- 1 EL Sonnenblumenöl
- 20 Stück Esskastanien (vorgegart)
- 1 Zimtstange
- ▲ Pfeffer
- 1 Bund Frühlingszwiebel
- 1 rote Zwiebel
- 2 Knoblauchzehen
- 5 Gewürznelken
- ≈ Salz
- Wasser
- ♈ 4 Hühnerkeulen á 250 g
- 2 EL Dinkelmehl
- 3 EL Apfelessig
- ♨ 125 ml Rotwein (z.B. Zweigelt)

Zubereitung

Backofen auf 180 Grad vorheizen. In einer heißen Pfanne die Butter schmelzen und die Hühnerkeulen darin scharf anbraten. Mit Pfeffer und Salz würzen.

Frühlingszwiebeln in grobe Stücke (ca. 10 cm lang) schneiden und dazu geben. Bratrückstand mit Rotwein aufgießen, alles gut verrühren und die Pfanne in den Backofen stellen. Bei 180 Grad 25–30 Minuten fertig garen.

In der Zwischenzeit Rotkohlblätter vom Strunk lösen und in feine Streifen schneiden. Zwiebel und Knoblauch fein hacken.

In einem Topf Sonnenblumenöl erhitzen und Rotkohl darin anbraten. Zimt, Nelken, Zwiebel, Knoblauch und 1 Tasse Wasser zugeben. Zugedeckt 25–30 Minuten weich dünsten. Mit Pfeffer, Salz und Apfelessig abschmecken. Die Kohlmischung mit Dinkelmehl bestäuben und gut durchrühren.

Vorgegarte Esskastanien zum Kraut geben, kurz mit dünsten und dann mit den Hühnerkeulen anrichten.

Pro Portion: 41 g Eiweiß, 54 g Kohlenhydrate, 29 g Fett, 660 Kilokalorien

TIPP

Esskastanien, oder Maronen, sind in der TCM pures Jing (Essenz, siehe Seite 12). Der süße Geschmack der Kastanien wirkt wärmend für die Nieren und stärkt unsere Verdauungsorgane. Speisen mit Esskastanien vertreiben Kälte aus unserem Körper. Gerade richtig für die Wintermonate. Greifen Sie also zu, wenn an den Straßenecken frisch gebratenen Maronen angeboten werden.

Pute mit Frühlingszwiebeln und Mohrrüben-Dinkelreis

Zutaten für 2 Portionen

- 2 EL Rapsöl
- 1 TL Fenchelsamen
- 4 Mohrrüben
- 1 TL Ingwer (frisch gerieben)
- 250 g Putenbrust
- 2 Stück Sternanis
- 1 Bund Frühlingszwiebeln
- Pfeffer
- Salz
- 100 g Dinkelreis
- Saft einer Bio-Zitrone
- 1 TL Ysop
- ½ Bund Thymian
- 300 ml heißes Wasser

Zubereitung

Putenfleisch in mundgerechte Stücke schneiden. Frühlingszwiebeln waschen, in ca. 5 cm lange Stücke schneiden, die größeren Zwiebeln halbieren. Mohrrüben putzen, halbieren und in Halbmonde schneiden.

Dinkelreis in einem Topf kurz anrösten und dann mit 300 ml heißem Wasser aufgießen. Mohrrüben zum Dinkelreis geben, mit Ingwer, Pfeffer und Salz abschmecken. Die Hälfte des Zitronensafts und Thymian zugeben und für 20–25 Minuten auf kleiner Flamme zugedeckt weich kochen. Bei Bedarf weitere Flüssigkeit zu gießen.

In der Zwischenzeit in einer Pfanne 1 EL Rapsöl erhitzen. Die Frühlingszwiebeln kräftig anbraten, mit Pfeffer und Salz würzen und mit dem Rest des Zitronensafts ablöschen. Die Zwiebeln herausnehmen und warm stellen. In der Pfanne das restliche Öl erhitzen und das Putenfleisch scharf anbraten. Mit Fenchel, Sternanis, Pfeffer und einer Prise Salz abschmecken. Unter Rühren für 10–15 Minuten braten, bis das Fleisch durch ist. Zwiebel und Fleisch auf einem Teller mit Mohrrüben-Dinkelreis anrichten und heiß servieren.

Pro Portion: 36 g Eiweiß, 56 g Kohlenhydrate, 12 g Fett, 480 Kilokalorien

INFO

Dinkel, der Urweizen (Triticum spelta), wurde in der Landwirtschaft wegen des geringen Ertrages und der Knickanfälligkeit der langen Stängel durch Weizen (Triticum vulgare) stark verdrängt. In der Bio-Landwirtschaft und wegen der besseren Verträglichkeit hat Dinkel aber in den letzten Jahren wieder einen hohen Stellenwert. Nach TCM stärkt Dinkel die Milz, die Bauchspeicheldrüse, die Leber und nährt das Yin. Dinkelreis ist durch die kurze Kochzeit eine praktische Zutat für die Alltagsküche. Er ist in gut sortierten Bioläden oder auch direkt beim Hersteller (www.meierhof.at) erhältlich.

Die neue 5-Elemente-Küche

Lammfilet mit Gemüse und Lorbeer-Kartoffeln

Zutaten für 4 Portionen

- 8 mittelgroße Kartoffeln
  Olivenöl
  2 Zucchini
- 8 Lorbeerblätter
  1 Bund Frühlingszwiebeln
  Pfeffer
- Salz
  4 dünne Scheiben Parmesankäse
  4 Scheiben Rohschinken oder Speck
- 8 Cocktailtomaten
- 4 Lammfilets
  8 Salbeiblätter
  4 Rosmarinzweige
  ½ Bund Thymian

Zubereitung

Backofen auf 180 Grad vorheizen. Backblech mit Backpapier auslegen.

Kartoffeln waschen und schälen, jeweils längs in der Mitte bis zur Hälfte einschneiden und je ein Lorbeerblatt in den Schlitz stecken. Kartoffeln auf ein Backblech legen, mit 2 EL Olivenöl beträufeln und mit Pfeffer und Salz würzen. Bei 180 Grad für 25–30 Minuten backen.

In der Zwischenzeit die Lammfilets auf einer Seite – wie für eine Tasche – bis zur Mitte einschneiden. Diese Öffnung mit je 2 Salbeiblättern, den Nadeln eines Rosmarinzweiges, einem Thymianzweig und einer Scheibe Parmesan füllen. Die Filets mit einer Speck- oder Schinkenscheibe umwickeln, sodass die Öffnung gut verschlossen ist.

Frühlingszwiebeln in Ringe schneiden, Zucchini in Würfel schneiden, Cocktailtomaten halbieren. In einer Pfanne 1 EL Olivenöl erhitzen, Zucchini und Frühlingszwiebeln darin anbraten. Mit Pfeffer und Salz würzen und 5–10 Minuten weich dünsten, Cocktailtomaten und Thymian-Blättchen zugeben.

In einer zweiten Pfanne 1 EL Olivenöl erhitzen und die Lammfilets auf jeder Seite etwa 5 Minuten scharf anbraten. Die Lammfilets anschließend bei geringer Hitze weitere 5 Minuten fertig garen.

Gemüse und Kartoffeln auf einem Teller anrichten und mit den Lammfilets servieren.

Pro Portion: 45 g Eiweiß, 55 g Kohlenhydrate, 20 g Fett, 600 Kilokalorien

Apfel-Dessert mit Haferflocken

Zutaten für 2 Portionen

- 2 Äpfel
- ½ TL Zimtpulver
- 50 g Butter
- 1 EL Honig
- 2 EL Sonnenblumenkerne
- 6 EL Haferflocken
- 1 TL Ingwer (frisch gerieben)
- 1 Prise Salz
- Saft einer Bio-Zitrone
- 1 TL Kakaopulver

Zubereitung

Backofen auf 180 Grad vorheizen. Die Äpfel schälen, ent-kernen und in dünne Spalten schneiden. Eine Auflaufform mit etwas Butter ausstreichen und Apfelspalten darin verteilen. Die Hälfte des Zitronensafts darüber träufeln.

Mit einer Gabel die restliche Butter mit Zimt, Honig, Sonnenblumenkernen, Haferflocken, Ingwer, Salz, Zitronensaft und Kakaopulver verrühren oder mit den Fingern verkneten und über die Äpfel verteilen. Bei 180 Grad für 25 Minuten im Backofen backen und sofort heiß servieren.

Pro Portion: 4 g Eiweiß, 38 g Kohlenhydrate, 28 g Fett, 420 Kilokalorien

TIPP

Besonders gut schmeckt dieses Apfeldessert, wenn Sie es mit Eierlikör beträufelt servieren.

INFO

Das Wissen um die Heilkraft der Zitrone ist mit den Kreuzzügen nach Europa gekommen. In der Volksheil-kunde wurden Abkochungen von Zitronenschalen zur Wundreinigung verwendet. In der Küche hat die Zi-trone ihren fixen Platz erobert – sowohl ihr Saft als auch die geriebene Schale wird gerne verwendet. Die ätherischen Öle der Schale regen die Magensekretion an. Bitte aber darauf achten, dass Sie ungespritzte Zitronen verwenden.

Quinoa-Auflauf mit Zwetschgen

Zutaten für 4 Portionen

- 3 Eier
- 4 EL Honig (oder Birnendicksaft)
- 1 TL Zimt
- 2 EL Vanillezucker
- 1 TL Ingwer (frisch gerieben)
- ½ TL Nelkenpulver
- 1 Prise Salz
- Saft einer Bio-Zitrone
- 500 g Zwetschgen
- 200 g Quinoa
- 500 ml heißes Wasser
- 1 TL Kakaopulver

Zubereitung

In einem heißen Topf Quinoa kurz anrösten, mit heißem Wasser aufgießen und zugedeckt 10–15 Minuten weich kochen. In der Zwischenzeit die Zwetschgen waschen, halbieren und entkernen. Backofen auf 180 Grad vorheizen.

Die Quinoa-Mischung etwas abkühlen lassen und dann mit den Eiern, Honig, Zimt, Ingwer, Nelkenpulver, Salz und Zitronensaft gut vermischen. Die Masse in eine Auflaufform geben und mit den halbierten Zwetschgen belegen, diese mit den Fingern etwas in die Masse hineindrücken.

Den Auflauf mit dem Vanillezucker bestreuen und im Backofen bei 180 Grad 30 Minuten backen.

Pro Portion: 11 g Eiweiß, 67 g Kohlenhydrate, 7 g Fett, 390 Kilokalorien

INFO

Das Ursprungsland von Quinoa – ein Pseudogetreide – ist Peru. Die stärkehaltigen, rotbraunen, gelben oder weißen Samen der Quinoapflanze erinnern an Hirsesamen. Sie waren für die Inkas ein Hauptnahrungsmittel und galten als gesundheitsfördernde „Quelle des Lebens". Tatsächlich hat Quinoa weitaus höhere Nährstoffwerte als Getreide. Mit etwa 15 Prozent Eiweißanteil gehört Quinoa zu den proteinreichsten Gemüsesorten. Ihre Aminosäurenzusammensetzung ist perfekt ausgewogen. Eine einseitige Ernährung mit Quinoa würde den menschlichen Körper mit allen essentiellen (lebensnotwendigen) Aminosäuren versorgen. Einzigartig ist der hohe Lysingehalt, der in anderen Pflanzen nicht oder nur unzureichend in minimalen Mengen vorkommt. Verarbeitet wird Quinoa wie Reis. Quinoa ist eine gesunde Abwechslung und eignet sich sowohl als Beilage, für Aufläufe, Suppen als auch für Süßspeisen.

TIPP

Der Auflauf eignet sich auch hervorragend als Frühstücksmahlzeit oder kann kalt an den Arbeitsplatz mitgenommen werden.

Dattel-Schoko-Muffins

Zutaten für ca. 16 Stück

- ▬ 4 Eier
  - 50 g brauner Zucker
  - 125 ml Rapsöl
  - Mark einer Vanilleschote
  - 20 Datteln
-  1–2 EL Lebkuchengewürz
- ≈ 1 Prise Salz
- 🌳 250 g Dinkelmehl
  - 1 EL Backpulver
- 🔥 1 EL Kakaopulver
  - 50 g Bitterschokolade

Zubereitung

Backofen auf 180 Grad vorheizen. Ein Backblech mit Muffin-Förmchen vorbereiten. Bitterschokolade grob hacken, Datteln entkernen und fein hacken.

Die Eier mit dem Zucker und Öl schaumig rühren. Vanilleschote der Länge nach aufschneiden und das Mark herauskratzen. Mit Lebkuchengewürz und Salz zum Teig geben. Dann das Dinkelmehl mit Backpulver und Kakaopulver zugeben und alles zu einem glatten Teig verrühren. Datteln und Schokostückchen unterrühren.

Muffin-Förmchen zu maximal zwei Drittel mit dem Teig anfüllen und im Backofen bei 180 Grad für 25 Minuten backen.

Pro Stück: 4 g Eiweiß, 26 g Kohlenhydrate, 11 g Fett, 220 Kilokalorien

TIPP

Statt Bitterschokolade können auch gehackte Nüsse oder Mandeln zum Teig gegeben werden.

KÄLTE: Wohlfühl-Rezepte für mehr Qi und Yang - den Körper „wärmen"

HITZE:

Wohlfühl-Rezepte für mehr Yin: den Körper

„erfrischen" und „kühlen"

Gehören Sie zu den Menschen, denen es immer zu warm ist? Sitzen Sie im Winter mit kurzen Ärmeln in – für Sie - überhitzen Räumen?

Nutzen Sie den folgenden Fragebogen: Wenn Sie die Mehrzahl der Symptome bei sich wiedererkennen, dann sollten Sie die Hinweise und Rezepte der nachfolgenden Seiten ausprobieren. Ein angenehmeres Körpergefühl, weniger Schwitzen, weniger Durst und erholsamer Schlaf sind Ihre Erfolgsfaktoren.

Allgemeine Tipps

Hitze ist durch ein Zuviel an Yang charakterisiert und hat die Tendenz aufzusteigen. Sie beeinträchtigt uns deshalb vor allem in den oberen Körperregionen. Kennzeichen dafür sind Sodbrennen, trockener Mund, brennende oder gerötete Augen. Durch eine bewusste Auswahl von Lebensmitteln können wir uns aber von innen erfrischen und kühlen. Trotzdem ist es wichtig, auf die Bekömmlichkeit zu achten und nicht nur Rohkost und kalte Lebensmittel zu essen. Ideal ist ein Mittelmaß: gut verträgliche einfache Speisen, die mit erfrischenden Zutaten (wie kleine Mengen Rohkost, Sprossen, Blattsalate) ergänzt werden. Die Kochmethoden sollten yinisierend sein, dh. saftige Zubereitung, kurz dünsten und blanchieren. Andere Kochmethoden, wie grillen, frittieren oder braten bringen noch mehr Hitze in den Körper und würden eine weitere Erhitzung bewirken. Hier können Sie besonders viel erreichen, wenn Sie ungünstige Gewohnheiten ablegen. Der Verzicht auf Genussmittel, wie Alkohol, Nikotin, Schwarztee und das Achten auf die „Essens-Hygiene" – sich Zeit für die Mahlzeiten nehmen, nicht überessen, nicht zu spät am Abend essen – bringen die größten Erfolge.

	JA	NEIN
Ist Ihnen häufig zu warm?		X
Haben Sie häufig heiße Fußsohlen und heiße Hände?		X
Sind Sie rastlos und unruhig?	X	
Leiden Sie unter Schlafstörungen?		X
Bevorzugen Sie kalte Getränke?		X
Haben Sie häufig Durst und einen trockenen Mund?		X
Ist Ihr Stuhl hart und trocken? Leiden Sie unter Verstopfung?		
Haben Sie übelriechende Blähungen?	X	
Essen Sie gerne scharf?		
Essen Sie gerne sehr salzig (Chips, Pizza u.ä.)?		X
Trinken Sie viel Kaffee?		X
Trinken Sie häufig Alkohol? Cocktails? Hochprozentiges?		
Essen Sie häufig Fleisch – auch am Abend?		
Rauchen Sie?		
Haben Sie viel Stress und sind überarbeitet?		
Haben Sie meist keine Zeit zum Essen oder essen unterwegs?		
Haben Sie Sodbrennen, Aufstoßen?		
Haben Sie häufig Zahnfleischbluten?		
Schwitzen Sie oft – auch in der Nacht?		

Kühlende und erfrischende Zutaten

Folgende Zutaten sind besonders wichtig und sollten in möglichst vielen Mahlzeiten vorkommen:

Getreide	Polenta, Weizen(grieß), Reis, Hirse, Gerste
Hülsenfrüchte	Linsen, Bohnen, Kichererbsen
Gemüse	Aubergine, Spinat, Mangold, Sprossen, Stangensellerie, Rettich, Chinakohl, Brokkoli, Kohlrabi, Radieschen, Schwarzwurzel, Spargel, Zucchini, Kartoffel, Tomate, Gurke, alle Blattsalate, Sauerkraut, Rettich, Sellerie, Champignons, Austernpilze
Obst	Birne, Aprikose, Pfirsich, Zwetschge, Weintraube, Kirsche, Rhabarber, Beeren
Fleisch	Ente, Kaninchen, Huhn
Fisch	Süßwasserfische, Meeresfische
Kräuter/Gewürze	Alle frischen Küchenkräuter, wie Petersilie, Dill, Basilikum, Kresse, Koriander, Salbei
Getränke	Apfelsaft, Birnensaft, Weizenbier, Malventee, Rosenknospentee, Gerstenwasser, Salbeitee, Melissentee, Brennnesseltee, Verbenenkrauttee, Pfefferminztee, Kamillentee, Mohrrübensaft, Gurkensaft, Selleriesaft, Sauerkrautsaft, Grüner Tee, Kräutertee, Apfelminze-Tee
Nüsse und Samen	Sesam, Sonnenblumenkerne, Kürbiskerne, Pinienkerne, Mandeln
Sonstiges	hochwertige Pflanzenöle (Weizenkeimöl, Olivenöl, Leinöl), kleine Mengen Milchprodukte als Ergänzung zu Ihren Speisen

Das sollten Sie vermeiden:

- Mahlzeiten ausfallen lassen, nicht frühstücken
- Unregelmäßige Essenszeiten
- Üppige Mahlzeiten, zu viel auf einmal (z.B. Buffet)
- Spät am Abend essen, nachts essen
- Unruhe, Sorgen beim Essen
- Fleischmahlzeiten am Abend
- Trockene Nahrung (Brotmahlzeiten), sehr salzige Speisen

- Gegrilltes, Frittiertes, Gebratenes
- Denaturierte Nahrung: Konserven, Fertigsaucen, Light-Produkte, Süßstoff, Margarine
- Austrocknende Nahrungs- und Genussmittel, wie Kaffee, Rotwein, Schwarztee, scharfe Gewürze (Chili, Cayennepfeffer)

WOHLFÜHL-TIPP

Machen Sie wieder einmal etwas, was Ihnen Spaß macht und Freude bereitet. Kreative Tätigkeiten wie malen, musizieren, singen, wandern, spazieren gehen lenken vom Alltag ab und bringen Entspannung. Was wollten Sie schon immer einmal machen? Hören Sie auf darüber nachzudenken, TUN Sie es einfach!

Erdbeer-Bananen-Couscous mit Minze-Mohn-Joghurt

Zutaten für 2 Portionen

- 1 Banane
- 1–2 TL Honig
- ½ Bund Minze
- 1 TL Kardamompulver
- 1 Prise Salz
- 100 g Couscous
- Saft einer halben Bio-Zitrone
- 200 g Erdbeeren
- 200 ml Naturjoghurt
- 300 ml heißes Wasser
- 4 EL Mohn gerieben

Zubereitung

Couscous in einer Schüssel mit heißem Wasser übergießen und 5 Minuten quellen lassen.

In der Zwischenzeit Banane schälen, in Scheiben schneiden und mit Zitronensaft beträufeln. Erdbeeren vom Strunk befreien und in mundgerechte Stücke schneiden. Minze waschen und fein hacken.

Joghurt mit Mohn, Honig, Minze, Kardamompulver und Salz zu einer Creme verrühren.

Obst zum Couscous geben, gut vermischen, in zwei Schüsseln anrichten und mit der Mohncreme servieren.

Pro Portion: 13 g Eiweiß, 47 g Kohlenhydrate, 21 g Fett, 440 Kilokalorien

INFO

Couscous, vor allem beliebt in Nordafrika und im vordereren Orient, ist eine spezielle Zubereitung von Weizengrieß. In der schnelllebigen heutigen Zeit ist der vorgedämpfte, getrocknete und zerkleinerte Weizen besonders praktisch, weil er nahezu fertig gekauft werden kann und für blitzschnelle Rezepte eine bekömmliche Basiszutat ist.

HITZE: Wohlfühl-Rezepte zum Yin-Aufbau: den Körper „erfrischen" und „kühlen"

Süßer Bohnenbrei

Zutaten für 2 Portionen

- Honig nach Geschmack
- 1 EL Mandelmus
- ½ TL Kardamompulver
- 100 g schwarze Bohnen
- Saft einer halben Bio-Zitrone
- 1-2 EL Kakaopulver

Zubereitung

Die Bohnen für mindestens 8 Stunden einweichen. Einweichwasser abgießen, mit Wasser abspülen und dann mit frischem Wasser gut bedeckt bei mittlerer Hitze etwa eine Stunde weich kochen. Bei Bedarf etwas Wasser zugeben.

Die Bohnen dann etwas auskühlen lassen und mit Zitronensaft, Kakaopulver, Honig, Mandelmus und Kardamompulver pürieren. Es entsteht ein dunkler Brei, der leicht nach Schokolade schmeckt.

Pro Portion: 15 g Eiweiß, 35 g Kohlenhydrate, 9 g Fett, 280 Kilokalorien

TIPP

Mit etwas mehr Kakao und Mandelmus können Sie den Schokoladegeschmack bei Bedarf, z.B. für Kinder, intensivieren.

INFO

Süße Zubereitungen mit Bohnen haben nicht nur in Asien Tradition. Stöbern Sie einmal in älteren Kochbüchern und Sie werden auch aus unseren Breiten Rezepte für z.B. süße Bohnenstrudel finden. Gekochte weiße Bohnen mit gedünstetem Apfel ergeben einen köstlichen, leicht süßlichen Bohnenaufstrich. Süße Zubereitungen mit Bohnen haben nicht nur in Asien Tradition. Stöbern Sie einmal in älteren Kochbüchern und Sie werden auch aus unseren Breiten Rezepte für z.B. süße Bohnenstrudel finden. Gekochte weiße Bohnen mit gedünstetem Apfel ergeben einen köstlichen, leicht süßlichen Bohnenaufstrich.

Saftiger Reis mit Birnenkompott

Zutaten für 2 Portionen

- 4 süße Birnen (oder anderes saisonales Obst)
  150 ml Apfelsaft
  1–2 EL Gerstenmalz (oder Vollrohrzucker, Honig)
  1 Prise Bourbon-Vanille
  (oder Mark einer halben Vanilleschote)
  2 TL Leinöl
- 100 g Reis
  (Basmati-, Rundkorn- oder Langkornreis)
  1 TL Ingwer (frisch gerieben)
- 300 ml Wasser
  1 Prise Salz
- Saft einer Bio-Zitrone
- 1 Prise Kakaopulver
  2 Gewürznelken

Zubereitung

Wasser in einem Topf erhitzen, Reis zugeben und aufkochen. Zugedeckt bei kleiner Hitze für 15 Minuten weich kochen.

Inzwischen Birnen vierteln, entkernen, schälen und in Scheiben schneiden.Den Apfelsaft in einem weiteren Topf erhitzen. Birnenscheiben mit Gerstenmalz, Vanille, Ingwer, Salz, Zitronensaft, Kakaopulver und Gewürznelken im Apfelsaft einige Minuten zu einem Kompott einkochen.

Reis in zwei Frühstücksschalen verteilen, Birnenkompott und je 1 TL Leinöl darauf verteilen und anrichten.

Pro Portion: 6 g Eiweiß, 120 g Kohlenhydrate, 7 g Fett, 550 Kilokalorien

TIPP

Sie können gleich eine größere Menge Kompott zubereiten und dieses heiß in Marmeladen-Schraubgläser füllen. Nach dem Abkühlen können Sie diese Gläser in den Kühlschrank stellen. Die Haltbarkeit beträgt je nach Obst und Beigabe von Süßmittel eine bis mehrere Wochen. So haben Sie immer schnell ein fertiges Kompott für Ihr Frühstück zur Verfügung.

TIPP

In den Frühjahr- und Sommermonaten muss reifes, saftiges Obst nicht unbedingt gekocht werden. Vermischen Sie einfach gekochtes Getreide (Reis, Hirse, Quinoa oder Polenta) mit frischem Obst (z.B. Erdbeeren, geriebenen Äpfeln, Beeren, Aprikosen) und ergänzen Sie nach Belieben mit Nüssen, Mandeln oder Samen und 1 TL Öl (z.B. Leinöl, Aprikosenkernöl, Mandelöl).

Die neue 5-Elemente-Küche

Gemüseeintopf mit Polenta

Zutaten für 4 Portionen

- 100 g Polenta
  1 Kohlrabi
  200 g Grüne Bohnen
  3 Mohrrüben
- Pfeffer
  1 Bund Frühlingszwiebeln
- 1 Liter Wasser oder Gemüsebrühe
  Salz
- 1 Bund Petersilie
  Saft einer Bio-Zitrone
- 1 Prise Curcuma
  1 Prise Paprikapulver

Zubereitung

Kohlrabi schälen und in Würfel schneiden. Grüne Bohnen waschen, die Enden abschneiden und in ca. 2 cm lange Stücke schneiden.

Mohrrüben putzen und in Scheiben schneiden. Frühlingszwiebeln in Ringe schneiden. Petersilie waschen und fein hacken.

Wasser oder Gemüsebrühe in einem großen Topf erhitzen. Gemüse mit Polenta einrühren, dann Frühlingszwiebeln, Pfeffer und Salz zugeben und gut umrühren. Mit Zitronensaft, Curcuma- und Paprikapulver abschmecken und 15–20 Minuten bei mittlerer Hitze kochen.

Den Eintopf mit Petersilie bestreut servieren.

Pro Portion: 11 g Eiweiß, 46 g Kohlenhydrate, 2 g Fett, 300 Kilokalorien

INFO

Curcuma (auch Kurkuma oder Gelbwurz) ist eine Wurzel, ähnlich dem Ingwer. Bei uns ist Curcuma als getrocknetes Pulver von leuchtendgelber Farbe erhältlich. Auf gut sortierten Märkten gibt es auch frische Curcuma-Wurzeln zu kaufen. Der Geschmack ist leicht pfeffrig mit einem bitteren Nachgeschmack. In Asien verwendet man Curcuma bei Leberbeschwerden und Magengeschwüren, die Wirkung ist verdauungsfördernd.

Rote Linsensuppe mit Stangensellerie

Zutaten für 2 Portionen

- ▬ 4 Stangen Sellerie
- ▲▲ 1 Zwiebel
- Pfeffer
- Kresse
- ≈ 150 g Rote Linsen
- 500 ml Wasser oder Gemüsebrühe
- Salz
- ♈ Saft einer Bio-Zitrone
- ♨ 2–3 Thymianzweige

Zubereitung

In einem Topf Wasser oder Gemüsebrühe mit den Linsen erhitzen.

Stangensellerie waschen, holzige Fasern entfernen und in Scheiben schneiden. Zwiebel fein hacken. Thymian von den Zweigen rebeln. Sellerie und Zwiebel zu den Linsen geben. Mit Pfeffer, Salz, Zitronensaft und Thymian würzen und zugedeckt für 15 Minuten auf kleiner Flamme weich kochen.

Die Suppe auf zwei Teller anrichten und mit Kresse bestreut servieren.

Pro Portion: 21 g Eiweiß, 38 g Kohlenhydrate, 2 g Fett, 235 Kilokalorien

INFO

Linsen gibt es in vielen Variationen – grüne, braune, gelbe und rote. Letztere sind bereits geschält und brauchen daher nur kurz gekocht werden. Sie zerfallen leicht und eignen sich sehr gut für Suppen, Pürees oder Aufstriche. Zum Würzen von Linsen eignen sich fast alle Gewürze: Senfkörner, Pfeffer, Koriander, Fenchel, Ysop, Basilikum, Thymian, Minze, Petersilie, Zwiebel und Knoblauch. Besonders gut passen auch Essig, Zitronensaft und Früchte wie Äpfel oder Birnen. Linsen stärken das Nieren-Qi, Milz und Bauchspeicheldrüse und tonisieren das Blut.

Kräutersuppe

Zutaten für 4 Portionen

- ▬ 1 EL Butter
  4 EL Gerstenmehl (oder Tsampa)
- ▲ 1 Zwiebel
  Muskat
- ≈ Salz
  750 ml Wasser oder Gemüsebrühe
- 🌳 3 Handvoll Frühlingskräuter
  (z.B. Kerbel, Sauerampfer, Portulak,
  Gundelrebe, Petersilie)
- 🔥 Curcuma

Zubereitung

Zwiebel schälen und fein hacken. Butter in einer Pfanne erhitzen und Zwiebel kurz anrösten. Dann das Gerstenmehl zugeben, ebenfalls kurz anrösten und gut verrühren. Mit Muskat würzen und mit Wasser (oder Gemüsebrühe) aufgießen.

Aufkochen lassen und mit Salz abschmecken. Kräuter fein hacken und in die Suppe geben. Kurz ziehen lassen und sofort servieren.

Pro Portion: 4 g Eiweiß, 23 g Kohlenhydrate, 7 g Fett, 170 Kilokalorien

INFO

Frühlingskräuter wie Gundelrebe, Kerbel, Sauerampfer, Löwenzahn oder Bärlauch zeichnen sich durch einen hohen Vitamin- und Mineralstoffgehalt aus. Die enthaltenen ätherischen Öle wirken blutreinigend und unterstützen den Stoffwechsel. Die meisten von ihnen enthalten auch wertvolle Bitterstoffe, die in unserer Ernährung meist bereits zu kurz kommen. Bitterstoffe helfen den Organen Leber und Gallenblase bzw. bei der Verdauung generell.

Die neue 5-Elemente-Küche

Fischfilet mit Kräutern

Zutaten für 2 Portionen

- 1 Ei
- 500 g Kartoffeln
- 150 ml Gemüsebrühe
- 1 große Frühlingszwiebel
- Pfeffer
- 1 EL Kümmel
- 300 g Fischfilets (z.B. Forelle, Saibling, Zander....)
- Salz
- ½ Bund Petersilie
- 1 EL Dinkelgrieß
- ½ Bund Basilikum

Zubereitung

Die Kartoffeln schälen und in Salzwasser mit Kümmel 15–20 Minuten weich kochen.

Die Kräuter (Petersilie, Basilikum) und Frühlingszwiebel fein hacken und in einer Schüssel mit Dinkelgrieß und Ei vermischen.

Die Forellenfilets salzen und pfeffern. Die vorbereitete Fülle gleichmäßig auf den Filets verteilen und diese zu Rouladen einrollen. Die Rouladen mit Zahnstochern fixieren und in eine ofenfeste Auflaufform geben. Mit Gemüsebrühe übergießen und im Backofen bei 170 Grad für 20 Minuten garen.

Fisch-Rouladen mit Kümmel-Kartoffeln auf einem Teller anrichten.

Pro Portion: 40 g Eiweiß, 39 g Kohlenhydrate, 10 g Fett, 410 Kilokalorien

INFO

Gönnen Sie sich heimischen Fisch, bevorzugt aus biologischer Produktion und Sie brauchen sich wegen Schadstoffbelastungen wie Quecksilber oder Cadmium keine Sorgen machen. Außerdem unterstützen Sie mit dem Kauf heimischer Fische den Artenerhalt. In Österreich gibt es z.B. 78 Fischarten, aber mehr als die Hälfte davon ist vom Aussterben bedroht, weil sie keiner mehr kennt oder nutzt. „Essen, was man retten will", lautet eine Empfehlung der Slow-Food-Bewegung!

Rucola-Tomatensalat

Zutaten für 2 Portionen

- 1 EL Rapsöl
- 2 EL Sesam
- 2 EL Kürbiskerne
- Pfeffer
- Salz
- 4 Tomaten
- 3 EL Apfelessig
- 100 g Rucola

Zubereitung

Tomaten in kleine Würfel und Rucola in mundgerechte Stücke schneiden. Gemüse in eine Schüssel geben.

Aus Rapsöl, Sesam, Pfeffer, Salz und Essig eine Marinade herstellen, den Salat damit vermischen und mit Kürbiskernen bestreut servieren.

Pro Portion: 8 g Eiweiß, 9 g Kohlenhydrate, 18 g Fett, 230 Kilokalorien

TIPP

Für die Herstellung der Marinade am besten einen Mörser verwenden, damit die Sesamschalen zerquetscht werden. Die wertvollen Inhaltsstoffe werden so bei der Verdauung besser verwertet.

INFO

Sesamsamen und Sesamöl werden bereits seit langem weltweit zum Kochen verwendet. Bei uns sind geschälte und ungeschälte Sesamsamen im Handel, letztere gibt es als schwarze und gelbbraune Sorte. Oftmals wird schwarzer Sesam als die ungeschälte Variante des gelbbraunen bezeichnet, was aber nicht richtig ist. Tahin ist eine hellbraune Paste aus zerriebenen Sesamsamen und eine praktische Ergänzung in der Küche. Der besonders hohe Kalziumgehalt macht Sesam so wertvoll. Verwenden Sie am besten täglich eine kleine Menge Sesam als Zutat.

Gemüserisotto

Zutaten für 2 Portionen

- 2 EL Olivenöl
- 2 Zucchini
- 300 g Grüner Spargel
  (oder anderes Gemüse der Saison)
- 1 EL Butter
- 120 g Rundkornreis
- Pfeffer
- 1 TL Ingwer (frisch gerieben)
- Salz
- 50 g Parmesan
- 2 Tomaten
- 125 ml Weißwein
- 1 Bund Basilikum
- 400–500 ml heißes Wasser oder Hühnerbrühe

Zubereitung

Spargel und Zucchini waschen. Zucchini in Würfel schneiden. Spargel in ca. 2 cm lange Stücke schneiden, die Spargelspitzen extra aufbewahren.

Olivenöl in einem Topf erhitzen und den Rundkornreis kurz dünsten, bis er glasig ist. Nach und nach mit heißem Wasser oder heißer Hühnerbrühe aufgießen, umrühren und bei mittlerer Hitze zu einem Risotto einkochen. Nach ca. 15 Minuten Zucchini und Spargel dazugeben, mit Weißwein aufgießen, gut durchmischen und weitere 5–7 Minuten dünsten.

Zum Schluss die Tomaten in kleine Würfel schneiden, unterrühren und die Reis-Gemüsemischung zugedeckt ausquellen lassen, bis der Reis weich ist. Parmesan fein reiben, Basilikum fein hacken. Basilikum und Butter ins Risotto rühren, mit Pfeffer und Salz abschmecken und mit Parmesan bestreut servieren.

Pro Portion: 19 g Eiweiß, 56 g Kohlenhydrate, 26 g Fett, 580 Kilokalorien

TIPP

Dieses Risotto schmeckt zu jeder Jahreszeit gut, dazu einfach beliebig Gemüse der Saison kombinieren, z.B. Radicchio, Chicorée, Mangold, Mohrrüben, Champignons, Austernpilze, Erbsen, Sellerie, Kürbis.....

HITZE: Wohlfühl-Rezepte zum Yin-Aufbau: den Körper „erfrischen" und „kühlen"

Pochierte Entenbrust auf Linsengemüse

Zutaten für 2 Portionen

- ▬ 2 süße, weiche Birnen
- 1 EL Sonnenblumenöl
- ▲▲ Pfeffer
- 1 Zwiebel
- ≈ 500 ml Wasser oder Gemüsebrühe
- Salz
- 200 g rote oder gelbe Linsen
- ♦♦♦ 1 Entenbrust ohne Haut (ca. 300 g)
- 1–2 EL Balsamico-Essig
- ♨ einige Zweige Thymian

Zubereitung

Die Entenbrust abspülen, trocken tupfen, salzen und pfeffern. In einem Topf das Wasser oder die Brühe erhitzen und darin die Entenbrust zugedeckt 20–25 Minuten auf mittlerer Flamme pochieren (=ziehen lassen).

In der Zwischenzeit die Birnen waschen, vierteln und in Spalten schneiden. Linsen waschen, Zwiebel fein hacken.

Die Entenbrust aus der Brühe nehmen und in Alufolie wickeln. In der Kochflüssigkeit die Linsen mit den Zwiebeln aufkochen und für 10–15 Minuten weich kochen, bei Bedarf weitere Flüssigkeit zugeben.

Die Birnenspalten zu den Linssen geben, kurz mit dünsten und dann mit Pfeffer, Salz, Balsamico-Essig und Thymian würzen.

Linsen auf einem Teller anrichten, Entenbrust in dünne Scheiben schneiden und darauf anrichten.

Pro Portion: 58 g Eiweiß, 82 g Kohlenhydrate, 14 g Fett, 710 Kilokalorien

Blumenkohl-Kichererbsen-Salat

Zutaten für 2 Portionen

- 1 kleiner Blumenkohl,
  2 EL Olivenöl
  50 g Rosinen
  50 g Pinienkerne
- 2 Frühlingszwiebeln
  Pfeffer
- 100 g Kichererbsen
  Salz
  5 Anchovis-Filets
- 2 Tomaten
- 3 EL Tomatenmark
  ½ Bund Basilikum
  ½ TL Curcuma

Vorbereitung

Kichererbsen mindestens 8 Stunden einweichen. Einweichwasser abgießen und die Kichererbsen in frischem Wasser für 45–50 Minuten weich kochen.

Zubereitung

Die Rosinen einweichen. Frühlingszwiebeln waschen und in Ringe schneiden. Blumenkohl waschen und in kleine Röschen zerteilen. Tomaten in Würfel schneiden.

In einem Topf 2 EL Olivenöl erhitzen und Zwiebel anbraten. Mit Pfeffer und Salz würzen. Tomaten zu den Zwiebeln geben und für ca. 10 Minuten zu einer Sauce einkochen. Mit Tomatenmark und Curcuma abschmecken. Dann die Karfiolröschen und eingeweichten Rosinen (mit Einweichwasser) zugeben und bei mittlerer Hitze zugedeckt für 15 Minuten dünsten. Die Anchovis in restlichem Olivenöl zerdrücken und zu einer Paste verrühren. Basilikum fein hacken.

Zum Schluss die gekochten Kichererbsen, Anchovis-Paste und Basilikum zum Gemüse geben und alles gut durchmischen. Mit Pinienkernen bestreut servieren.

Pro Portion: 27 g Eiweiß, 59 g Kohlenhydrate, 27 g Fett, 600 Kilokalorien

INFO

Dieser Salat schmeckt sowohl warm als auch kalt. Er kann deshalb gut vorbereitet werden und am nächsten Tag für unterwegs eingepackt werden.

Kartoffelnudeln mit Gemüsesalat

Zutaten für 4 Portionen

- 1 kg mehlige Kartoffeln
- 2 Eier
- 20 g Sesam
- ½ kg Mohrrüben
- 2 Kohlrabi
- 3 EL Sesamöl (oder Sonnenblumenöl)
- Butter
- Muskat
- Pfeffer
- Salz,
- 160 g Weizenmehl
- 6 EL Weizengrieß
- 4 EL Essig
- 2 Handvoll Rucola

Zubereitung

Die Kartoffeln in Wasser 20–25 Minuten weich kochen. In der Zwischenzeit Mohrrüben und Kohlrabi in Stifte schneiden und in Salzwasser 10–15 Minuten weich kochen. Backofen auf 180 Grad vorheizen.

Die gekochten Kartoffeln schälen und noch heiß durch die Kartoffelpresse drücken. Kartoffeln mit Eiern, Muskat, Salz, Mehl und Grieß zu einem Teig verarbeiten. Den Teig auf einer bemehlten Arbeitsfläche zu einer ca. 2 cm dicken Rolle formen und in 4 cm lange Stücke schneiden. Diese Nudeln in eine mit Butter ausgefettete Auflaufform legen, mit einigen Butterflocken bestreuen und im Backofen 20–25 Minuten backen.

Die gekochten Mohrrüben- und Kohlrabistücke in einer Schüssel mit Sesamöl, Sesam, Pfeffer, Salz und Essig vermengen. Erst kurz vor dem Servieren den gewaschenen Rucola unterheben.

Kartoffelnudeln heiß servieren und Gemüsesalat dazu reichen.

Pro Portion: 17 g Eiweiß, 83 g Kohlenhydrate, 20 g Fett, 590 Kilokalorien

HITZE: Wohlfühl-Rezepte zum Yin-Aufbau: den Körper „erfrischen" und „kühlen"

Marinierte Champignons und Zucchini

Zutaten für 4 Portionen

- 2 Zucchini
  250 g Champignons
  2 EL Olivenöl
- 1 kleines Stück Ingwer
  Pfeffer
- Salz
- 1 Bund Pfefferminze
  Zitronensaft
- 4 Oliven

Zubereitung

Zucchini in 5 cm lange Stifte schneiden. Champignons waschen, größere Pilze halbieren.

Olivenöl in einer Pfanne erhitzen und zuerst die Champignons 5 Minuten auf mittlerer Flamme andünsten. Dann mit den Zucchini-Stiften ebenso verfahren. Es ist wichtig, dass nicht bei zu starker Hitze gebraten wird. Das Gemüse soll nur leicht gedünstet werden.

Oliven und Minze fein hacken und mit frisch geriebenen Ingwer, Pfeffer, Salz, Zitronensaft eine Marinade zubereiten. Die beiden Gemüse damit marinieren und servieren.

Pro Portion: 6 g Eiweiß, 5 g Kohlenhydrate, 14 g Fett, 170 Kilokalorien

TIPP

Marinierte Gemüse – in Anlehnung an die mediterrane Antipasti-Küche – sind wunderbar praktisch vorzubereiten. Einfach Gemüse nach Wahl (Fenchel, Mohrrüben, Brokkoli, Kürbis...) in mundgerechte Stücke schneiden, dämpfen oder kurz in Öl braten und mit Kräutern und Essig oder Zitronensaft marinieren und gekühlt aufbewahren. So haben Sie immer schnell eine Gemüsebeilage zur Hand.

Knackiger Rohkostsalat

Zutaten für 4 Portionen

- ≡ 1 Fenchel
  2 junge Mohrrüben
  1 kleine Zucchini
  1 Salatgurke
  50 ml Olivenöl
- ▲▲ 1 TL Ingwer (frisch gerieben)
  Pfeffer
- ≈ Salz
- 🌳🌳 Saft einer Bio-Zitrone
  Saft einer Bio-Orange
- 🔥 Schale einer Bio-Zitrone
  Schale einer Bio-Orange

Zubereitung

Gemüse waschen, putzen und mit der Gemüsereibe oder in der Küchenmaschine grob raspeln. Zitrusfrüchte heiß waschen und die Schale abreiben, dann den Saft auspressen.

Die Gemüse in einer Schüssel vermischen und mit Olivenöl, Ingwer, Pfeffer, Salz, Zitronen- und Orangensaft und geriebenen Zitrusschalen gut durchkneten.

Den Salat entweder sofort servieren oder für 1–2 Stunden ziehen lassen.

Pro Portion: 5 g Eiweiß, 16 g Kohlenhydrate, 26 g Fett, 320 Kilokalorien

TIPP

Bei empfindlicher Verdauung sollten die Mohrrüben-, Zucchini- und Fenchelraspeln kurz in Olivenöl gedünstet werden und erst dann mit Gurke und Marinade vermischt werden.

84

Gefüllte Paprika

Zutaten für 4 Portionen

- 50 g Champignons
  4 Gemüse-Paprika (rot, grün oder gelb)
  100 g gekochte Erbsen
  2 EL Olivenöl
- 500 g gekochter Basmatireis
  Pfeffer
- Salz
  100 ml Wasser oder Gemüsebrühe
- 1 Bund frische Kräuter gemischt,
  z.B. Dill, Petersilie
- 1 Handvoll Basilikum
  Salbei

Zubereitung

Paprika waschen, halbieren, Kerne entfernen und in eine Auflaufform legen. Backofen auf 180 Grad vorheizen. Champignons putzen und fein hacken. Kräuter waschen und ebenfalls fein hacken.

Den gekochten Reis mit Erbsen, Champignons, Pfeffer, Salz und gehackten Kräutern gut vermischen und in die Paprikahälften füllen. Die Paprikahälften mit Olivenöl beträufeln, mit Wasser aufgießen und im Backofen bei 180 Grad auf mittlerer Schiene ca. 30 Minuten garen.

Pro Portion: 14 g Eiweiß, 69 g Kohlenhydrate, 12 g Fett, 440 Kilokalorien

TIPP

Der Gemüsereis kann auch mit Thunfisch vermischt werden oder man belegt die gefüllten Paprika vor dem Garen mit Anchovis-Streifen, das verstärkt den würzigen Geschmack.

INFO

Reis stellt heute für die Hälfte der Weltbevölkerung das Grundnahrungsmittel dar. Er wird seit Jahrtausenden in Asien kultiviert. Für die Rezepte in diesem Buch wird vorwiegend geschälter Reis verwendet, da er bekömmlicher ist. Vollkornreis ist für die meisten Menschen sehr schwer verdaulich – auch, weil er oft falsch zubereitet wird bzw. zu wenig lang gekocht ist. Vollkornreis sollte vor dem Kochen entweder 12 Stunden in Wasser eingeweicht werden oder er wird über einen längeren Zeitraum (2–3 Stunden mit der zehnfachen Menge an Wasser) gekocht. Letzteres ergibt die in Asien berühmte Reissuppe (Reiscongee).

Brombeercreme

Zutaten für 4 Portionen

- ¼ l Schlagsahne
  ½ Vanilleschote
  2 EL Vollrohrzucker
- 1 Prise Salz
- 250 g Brombeeren
  einige Blättchen Minze oder Zitronenmelisse
- 2 EL Mohn gemahlen

Zubereitung

Schlagsahne mit Zucker, ausgekratztem Mark der Vanilleschote und 1 Prise Salz steif schlagen. Dann vorsichtig die Brombeeren und den Mohn unterheben.

In Schalen anrichten und nach Belieben mit Minze oder Zitronenmelisse dekorieren.

Pro Portion: 7 g Eiweiß, 28 g Kohlenhydrate, 43 g Fett, 530 Kilokalorien

TIPP

Diese Creme schmeckt auch mit allen anderen Beerenarten.

INFO

Vanille ist die Kapselfrucht einer kletternden Orchidee aus den Tropen. Die Trocknung ist sehr aufwändig und trägt zum hohen Preis des Gewürzes bei. Echte Vanille hat einen intensiven Duft und ihr exotisches, warmes Aroma ist unvergleichlich. Die Wirkung ist anregend und harmonisierend.

Apfelsuppe

Zutaten für 2 Portionen

- 1 EL Rosinen
- 1 EL Rohzucker
- ½ TL Bourbon-Vanille oder Mark einer Vanilleschote
- 2 EL Mandelblättchen
- 1 TL Ingwer (frisch gerieben)
- Salz
- 1 kg säuerliche Äpfel
- Saft einer Bio-Zitrone
- 2 Tassen Wasser

Zubereitung

Äpfel in grobe Stücke schneiden. In einem Topf das Wasser erhitzen, darin die Apfelstücke mit dem Zitronensaft, Zimt, Rosinen, Ingwer und Zucker vermischen und weich kochen. Dieses Kompott dann pürieren oder passieren.

In Schälchen mit Mandelblättchen bestreut servieren.

Pro Portion: 4 g Eiweiß, 64 g Kohlenhydrate, 7 g Fett, 350 Kilokalorien

INFO

Frischer Ingwer ist bei uns als Wurzel erhältlich – meist in allen Supermärkten. Die Zugabe einer kleinen Menge von frischem Ingwer (fein gerieben oder klein geschnitten) empfiehlt sich für fast jedes Gericht. Sowohl süße als auch pikante Speisen werden durch Ingwer geschmacklich mit einer angenehmen Schärfe abgerundet. Fleischspeisen werden durch Ingwer bekömmlicher, weil die Sekretion der Verdauungssäfte angeregt wird. Ingwer ist reich an ätherischen Ölen, Bitterstoffen, Aminosäuren und wird deshalb als „Anti-cholesterin-Wirkstoff" bezeichnet. Aus Sicht der Traditionellen Chinesischen Medizin vertreibt Ingwer Kälte und Wind aus dem Körper, d.h. Ingwer wirkt sehr gut bei Erkältungskrankheiten – allerdings nur, wenn Wind-Kälte (im Gegensatz zu Wind-Hitze) die Ursache dafür ist. Symptome für Wind-Kälte sind frösteln, starke Abneigung gegen Kälte, kein oder wenig Fieber, Gliederschmerzen, kein Durst. Die scharfe und warme Natur des Ingwers vertreibt diese Wind-Kälte sehr gut. Empfehlenswert ist ein Tee aus frischem Ingwer, gut einpacken und schwitzen – so kann im Idealfall der Verlauf der Erkältung gestoppt werden. Für die Zubereitung von Ingwer-Tee ein daumengroßes Stück Ingwer in Scheiben schneiden und in 1 Liter Wasser 10–15 Minuten zugedeckt kochen. Diesen Tee so heiß wie möglich trinken bis ein leichtes Schwitzen eintritt.

Mohn-Grießpudding mit Rhabarberkompott

Zutaten für 4 Portionen

- 400 ml Soja- oder Reismilch
- 100 ml Schlagsahne
- 100 g Zucker
- ½ TL Kardamom
- 1 Prise Salz
- 100 g Weizengrieß
- 400 g Rhabarber
- Minze oder Melisse zum Garnieren
- 30 g Mohn gerieben

Zubereitung

Milch mit Schlagsahne, 50 g Zucker, Kardamom und Salz aufkochen. Grieß und Mohn einstreuen und bei kleiner Hitze zu einem dickflüssigen Brei einkochen. 4 kleine Förmchen oder Espresso-Tassen mit kaltem Wasser ausspülen, Brei einfüllen, glatt streichen und auskühlen lassen.

Rhabarber putzen, waschen und schräg in kleine Stücke schneiden. In einem Topf wenig Wasser mit Rhabarberstücken aufkochen und nur 1 Minute kochen lassen. Topf vom Herd nehmen und den Rhabarber im geschlossenen Topf etwa 8–10 Minuten gar ziehen lassen. Mit restlichem Zucker abschmecken.

Grießpudding aus der Form stürzen und mit Rhabarberkompott anrichten. Mit Minze oder Melisse garniert servieren.

Pro Portion: 21 g Eiweiß, 45 g Kohlenhydrate, 21 g Fett, 450 Kilokalorien

TIPP

Wenn die Rhabarbersaison vorbei ist, den Mohn-Grießpudding mit Aprikosen-, Zwetschgen oder Apfelkompott servieren. Im Sommer sind auch frische Beeren eine farbenfrohe Ergänzung.

HITZE: Wohlfühl-Rezepte zum Yin-Aufbau: den Körper „erfrischen" und „kühlen"

TROCKENHEIT:

Wohlfühl-Rezepte für Blut und Säfte - dem Körper „Substanz" geben

In der üppigen Welt des Nahrungsüberflusses sind wir damit konfrontiert, dass immer mehr Menschen zu wenig „Substanz" aufbauen. Grund dafür sind meist Ernährungsfehler, chronische Überforderung und intellektuelle Überanstrengung. Unser hektisches Leben, die täglichen „Über"-Forderungen, stundenlange Bildschirmarbeit und fehlender Ausgleich lassen uns „austrocknen".

Nutzen Sie den folgenden Fragebogen: Wenn Sie die Mehrzahl der Symptome bei sich wiedererkennen, dann sollten Sie die Hinweise und Rezepte der nachfolgenden Seiten ausprobieren. Im Sinne der Prävention können Sie rechtzeitig gegensteuern und Ihre „Substanz" wieder auffüllen. Sie vermeiden ein „Burn-Out" und werden sich kräftiger, aktiver, einfach gesunder fühlen!

Allgemeine Tipps

Blut- und Säftemangel ist häufig bei Frauen anzutreffen. Ein klassischer „Substanz"-Verlust ist nach der Geburt gegeben – Frauen brauchen dann eine besondere Unterstützung, damit sie rasch wieder zu Kräften kommen. Blut wird nach traditioneller chinesischer Vorstellung primär in der Milz gebildet. Die Ursache für einen Blut-Mangel (nicht zu verwechseln mit dem „westlichen" Krankheitsbild der Anämie) liegt daher in vielen Fällen bei einer „schwachen Mitte" (siehe Seite ab Seite 22). Eine bekömmliche Nahrung ist daher wichtig, damit diese vollständig transformiert (umgewandelt) werden kann und so körpereigene Substanzen (Blut und Säfte) aufgebaut werden. Besonders wichtig ist, die „Trockenheit" nicht zu verstärken, d.h. Sie sollten alles vermeiden, was Ihren Körper zusätzlich austrocknet, wie z.B. scharfe Gewürze, Knoblauch, Kaffee, Schwarztee, hochprozentiger Alkohol. Die Kochmethoden sollten „saftig" sein: kurz dünsten, blanchieren, Kompotte, Suppen, Eintöpfe mit viel Gemüse und Saucen mit kleinen Mengen Schlagsahne oder Saurer Sahne. Eine Auswahl an erfrischenden, saftigen und besonders blutbildenden Lebensmitteln – hervorragend geeignet sind alle Beeren und grüne Gemüse – macht Sie mit farbenfrohen Speisen wieder aktiv und leistungsfähig.

	JA	NEIN
Sind Sie sehr blass?		
Sind Sie Vegetarier/in?		
Sind Sie ständig müde?		
Wird Ihnen häufig schwindlig, wenn Sie schnell aufstehen?		
Sind Sie sehr sensibel, dünnhäutig, leicht verletzlich?		
Leiden Sie unter Haarausfall, haben trockene, brüchige Haare?		
Haben Sie trockene, eingerissene Mundwinkel?		
Haben Sie häufig eingeschlafene Hände und/oder Füße?		
Sind Ihre Augen sehr lichtempfindlich?		
Sind Sie nachtblind? Sehen Sie unscharf?		
Waren Sie länger chronisch krank?		
Arbeiten Sie täglich viele Stunden am Bildschirm?		
Haben Sie starken Kummer und/oder Angstgefühle?		
Haben Sie abends oder nachts häufig Herzklopfen?		
Können Sie schwer einschlafen?		
Träumen Sie sehr stark, sind unruhig im Schlaf?		
Sind Sie sehr schreckhaft?		
Sind Sie vergesslich, haben ein schlechtes Gedächtnis?		
Haben Sie kürzlich ein Kind geboren?		
Ist Ihre monatliche Periode sehr schwach?		
Ist Ihr Zyklus verlängert bzw. die Periode bleibt aus?		

„Saftige" Zutaten

Folgende Zutaten sind besonders wichtig und sollten in möglichst vielen Mahlzeiten vorkommen:

Getreide ———————— Reis, Hirse, Polenta, Gerste, Weizen, Dinkel

Hülsenfrüchte ———— Linsen, Bohnen, Kichererbsen

Gemüse ——————— Alle grünen Gemüse wie Mangold, Spinat, Brokkoli, Rote Bete, Kohlrabi, Radieschen, Mohrrüben, Wurzelgemüse, Weißkohl, Rotkohl, Tomaten, Spargel, Chinakohl, alle Blattsalate, Feldsalat, Sprossen, Brennnessel, Zucchini

Obst ———————— Rote Trauben, Kirsche, Himbeere, Brombeere, Heidelbeere, Zwetschge, Apfel, Birne, Aprikose, Pfirsich, Stachelbeere, Rote und Schwarze Johannisbeeren

Fleisch ——————— Huhn, Ente, Leber vom Rind und Lamm

Fisch ———————— Süßwasserfische, Meeresfische, Meeresfrüchte

Kräuter/Gewürze —— Alle frischen Küchenkräuter, wie Petersilie, Dill, Basilikum, Kresse, Koriander, Sauerampfer

Getränke —————— Roter Traubensaft, Apfelsaft, Birnensaft, Saft aus Holunderbeeren und Johannisbeeren, Petersilientee, Brennnesseltee, Kräutertee, Früchtetee, Pfirsichsaft, Aprikosensaft

Nüsse und Samen   Sesam, Schwarzer Sesam, Walnüsse, Haselnüsse, Sonnenblumenkerne, Kürbiskerne, Pinienkerne, Pistazien

Sonstiges ————— Ei, Leinöl, Olivenöl, Sesamöl, Borretschöl, Nachtkerzenöl, Gelee Royal, täglich kleine Mengen Eiweiß in Form von Fleisch, Ei oder Hülsenfrüchten; Milchprodukte in kleinen Mengen als Ergänzung zu den Speisen

Das sollten Sie vermeiden:

- Mahlzeiten ausfallen lassen, nicht frühstücken
- Unregelmäßige Essenszeiten
- Sehr spät am Abend essen
- Trockene Nahrung (Brotmahlzeiten), sehr salzige Speisen (Kartoffelchips o.ä.)
- Gegrillte, geräucherte oder geröstete Speisen

- Denaturierte Nahrung: Konserven, Fertigsaucen, Light-Produkte, Süßstoff, Margarine
- Bitter austrocknende Nahrungs- und Genussmittel: Kakao, Kaffee, Rotwein, Schwarztee, scharfe Gewürze (Chili, Cayennepfeffer), Kräuter der Provence
- Rauchen
- Koffeinhaltige, aufputschende Getränke (Energy-Drinks)

WOHLFÜHL-TIPP

Trinken Sie täglich 1–2 Tassen Petersilientee. Einfach eine Handvoll frische Petersilie mit einem Liter kochendem Wasser übergießen und zugedeckt 10 Minuten ziehen lassen.

Verwenden Sie von Kohlrabi, Radieschen und Roter Bete auch die Blätter und Stiele. Sie sind, wenn sie frisch und saftig sind, noch wertvoller als die Früchte selbst und eignen sich gut als Suppeneinlage oder als Salat.

Mandel-Grießbrei mit Himbeeren

Zutaten für 2 Portionen

- 400 ml Soja- oder Reismilch
- 50 g geriebene Mandeln
- 1 EL Honig
- ½ TL Kardamom
- 1 Prise Salz
- 60 g Dinkelgrieß
- 200 g Himbeeren
- 1 TL Kakaopulver

Zubereitung

Die Milch in einem Topf mit Mandeln, Kardamom, Salz und Dinkelgrieß gut verrühren und aufkochen. Bei mittlerer Hitze für 10–15 Minuten zu einem Brei einkochen, gelegentlich umrühren, damit der Brei nicht am Topfboden anklebt. Falls notwendig noch etwas Milch zugeben.

Den Grießbrei dann mit Kakaopulver und Honig abschmecken, nochmals gut durchrühren und servieren.

Pro Portion: 40 g Eiweiß, 34 g Kohlenhydrate, 35 g Fett, 620 Kilokalorien

TIPP

Kaffee (oder auch Schwarztee) wird durch die Zugabe von Gewürzen bekömmlicher und ist nicht so magenreizend: Pro Person 2 TL gemahlenen Kaffee, einige Kardamomsamen, 1 kleines Stück Zimtstange, 1 Gewürznelke in 1/4 Liter Wasser aufkochen und 3–5 Minuten auf kleiner Flamme zugedeckt kochen lassen.

INFO

Nach Safran und Vanille ist Kardamom das teuerste Gewürz. Der kräftige, warme Duft der Kardamomsamen ist unverkennbar. Sie haben ein leicht zitronenartiges Aroma, das an Eukalyptus erinnert. Kardamom regt den Stoffwechsel an, ist krampflösend, verdauungsfördernd, steigert die Gedächtnisleistung und hellt insgesamt die Stimmung auf. Bei Völlegefühl und Unwohlsein empfiehlt sich das Kauen einiger Kardamomsamen. Wirklich gute Qualität hat Kardamom, wenn die in den grünen Hülsen enthaltenen Samen schwarz sind. Diese Samen werden in der Küche entweder ganz, gemörsert oder gemahlen verwendet und sie passen sowohl zu süßen als auch zu pikanten Speisen.

95

Hirse mit Brombeeren

Zutaten für 2 Portionen

- 100 g Hirse
  4 EL Walnüsse (gemahlen)
  2 TL Leinöl
  2 TL Honig
- 1 TL Ingwer (frisch gerieben)
- 1 Prise Salz
- 200 g Brombeeren
  Saft einer halben Bio-Zitrone
  einige Blätter Zitronenmelisse
- 350 ml Wasser

Zubereitung

Wasser in einem Topf erhitzen und Hirse darin aufkochen. Walnüsse beigeben und auf kleiner Flamme zugedeckt 10–15 Minuten weich kochen. Mit Honig, geriebenem Ingwer, Salz und Zitronensaft abschmecken und noch weitere 10 Minuten ausquellen lassen.

In der Zwischenzeit Brombeeren waschen und Zitronenmelisse fein hacken. Hirse mit Brombeeren und Zitronenmelisse vermischen und warm servieren.

Pro Portion: 9 g Eiweiß, 49 g Kohlenhydrate, 21 g Fett, 420 Kilokalorien

TIPP

Die Hirse kann gut am Abend vorgekocht werden. Am Morgen die Hirse in einer Pfanne oder einem Topf mit wenig Wasser nur kurz erwärmen.

INFO

Hirse wirkt stärkend auf die Organe Milz, Magen und Niere. Sie nährt Blut und Qi, kräftigt, trocknet Feuchtigkeit und Nässe, transformiert Schleim, wirkt diuretisch (=entwässernd) und entgiftet. Aus westlicher Sicht ist Hirse reich an Kalzium, Phosphor, Eisen, Fluor, Magnesium, Vitamin B1 und B6, Lecithin und sie hat einen besonders hohen Gehalt an Kieselsäure. Kieselsäure ist vor allem für das Bindegewebe, die Haare und Nägel von Bedeutung.

Kartoffelsuppe mit Zucchini

Zutaten für 4 Portionen

- 300 g Kartoffeln
- 700 g Zucchini
- 2 EL Olivenöl
- 4 EL Pinienkerne
- 1 Zwiebel
- Pfeffer
- ½ Bund Dill
- Muskatnuss
- Salz
- 1 Liter Wasser
- Saft einer Bio-Zitrone
- ½ TL Curcuma (Gelbwurz)

Zubereitung

Die Kartoffeln schälen und in grobe Würfel schneiden. Zucchini waschen und in Scheiben schneiden. Die Zwiebel schälen, fein hacken. Dille waschen und ebenfalls fein hacken.

In einem großen Topf Wasser erhitzen, Kartoffeln, Zucchini und Zwiebel beigeben. Das Gemüse zugedeckt 15–20 Minuten weich kochen. Die Suppe anschließend pürieren und mit Pfeffer, Salz, Zitronensaft und Curcuma würzen.

Pinienkerne in einer heißen Pfanne ohne Fett unter ständigem Rühren kurz anrösten. Die Suppe in Teller füllen und mit gehacktem Dill und Pinienkernen bestreut servieren. Als Abschluss mit einigen Tropfen Olivenöl beträufeln.

Pro Portion: 6 g Eiweiß, 15 g Kohlenhydrate, 10 g Fett, 190 Kilokalorien

INFO

Botanisch gesehen ist die Muskatnuss keine Nuss, sondern der Kern einer pfirsichartigen Frucht. Die Muskatnuss kam im 11. Jahrhundert nach Europa und eroberte aufgrund ihres angenehmen Geschmacks sehr rasch die heimischen Küchen. Gemahlene Muskatnuss verliert rasch ihr Aroma und ihre Wirksamkeit, deshalb sollte die Muskatnuss immer im Ganzen aufbewahrt werden und wird bei Bedarf frisch gerieben. Muskatnuss fördert die Durchblutung, ist blutstillend, stimulierend und aphrodisierend. Aber Vorsicht: In hohen Dosen – mehrere Nüsse auf einmal – kann Muskatnuss tödlich sein!

Bohnensalat mit Frühlingskräutern

Zutaten für 4 Portionen

- 4 EL Kürbiskernöl
- 2 Frühlingszwiebeln
- Pfeffer
- 200 g Bohnen (Wachtelbohnen, Kidneybohnen, weiße Bohnen)
- Salz
- 1 Bund Petersilie
- 1 Handvoll Brunnenkresse oder Kapuzinerkresse
- 50 ml Weißweinessig
- 250 g junge Brennnesselblätter und -spitzen

Zubereitung

Die Bohnen mindestens 8 Stunden einweichen. Dann das Wasser abgießen, die Bohnen gut abspülen und mit frischem Wasser bedeckt in einem Topf erhitzen. Wenn beim Aufkochen Schaum entsteht, diesen abschöpfen und die Bohnen bei mittlerer Hitze für 40–45 Minuten weich kochen.

Für die Zubereitung der Salatsauce eine Pfanne erhitzen und das Kürbiskernöl bei kleiner Hitze langsam erwärmen. Frühlingszwiebeln waschen und in Scheiben schneiden, Brennnesselblätter grob hacken, einige Spitzen für später zur Seite legen. Die Zwiebeln und Brennnesseln im Kürbiskernöl für einige Minuten dünsten.

Petersilie und Kresse fein hacken und ebenfalls zum Kürbiskernöl geben. Mit Pfeffer, Salz und Essig abschmecken und gut verrühren.

Marinade vom Herd nehmen und in einer Schüssel mit den gekochten und abgeseihten Bohnen damit vermengen. Den Salat mit Brennnesselspitzen dekorieren und sofort lauwarm servieren.

Pro Portion: 14 g Eiweiß, 25 g Kohlenhydrate, 11 g Fett, 510 Kilokalorien

INFO

Unter den Kräuterpflanzen hat die Brennnessel durch ihren hohen Gehalt an Vitamin A und C, Kalium, Kalzium, Eisen und Kieselsäure einen sehr hohen Stellenwert. Verwenden Sie am besten frische Brennnesseln, die Sie im Frühjahr und Sommer im Garten oder bei Ihren Spaziergängen sammeln. In Drogerien/Apotheken sind Brennnessel getrocknet erhältlich, daraus können Sie das ganze Jahr über Tee zubereiten. Die Brennnessel hat eine positive Wirkung auf die Nieren, Blase und den Dickdarm. Sie wirkt ausleitend, tonisiert das Qi von Milz/Bauchspeicheldrüse, bewegt das Leber-Qi und ist blutbildend.

Rote-Bete-Salat mit Meerrettich

Zutaten für 2 Portionen

- 2 EL Rapsöl
- 3 cm Meerrettichwurzel
  Pfeffer
- Salz
- 4 EL Rotweinessig
- 1 Handvoll Rucola
  2 Stück Rote Bete (gekocht)

Zubereitung

Die gekochte Rote Bete schälen und in kleine Würfel schneiden oder mit der Gemüsereibe grob reiben. Rucola waschen und in mundgerechte Stücke schneiden.

Rucola mit der Roten Bete vermischen und in einer Schüssel oder auf einem Teller anrichten. Aus Rapsöl, Pfeffer, Salz und Essig eine Marinade zubereiten und den Salat damit übergießen.

Meerrettich frisch reiben und den Salat damit bestreuen. Sofort servieren.

Pro Portion: 2 g Eiweiß, 7 g Kohlenhydrate, 10 g Fett, 130 Kilokalorien

TIPP

Der Salat schmeckt auch gut als Hauptgericht. Dazu den Salat mit 1–2 gekochten Eiern, Räucherfisch, gebratenem Fisch oder Hühnerfleisch ergänzen. Als Beilage passt ein getoastetes Roggenbrot oder gekochtes Getreide (z.B. Quinoa, Hirse oder Reis).

Polenta-Gemüse-Torte

Zubereitung für 4 Portionen

- ▬ 300 g Polenta
  750 g Gemüse der Saison (Mohrrüben,
  Kohlrabi, Brokkoli, Spinat, Mangold, Spargel)
  2 EL Olivenöl
- ▲ 1 TL Ingwer (frisch gemahlen)
  Pfeffer
  1 Prise Muskat
  2 Frühlingszwiebeln
- ≈ Salz
  1 Liter Wasser
- ♈ 1 Bund Petersilie
  1 Bio-Zitrone
  ¼ l Saure Sahne
- ♨ 1 Prise Paprikapulver

Zubereitung

Wasser erhitzen, Polenta mit einem Schneebesen einrühren und für 10–15 Minuten zu einem Brei einkochen. Eine Tortenform mit Backpapier auslegen und Backofen auf 180 Grad vorheizen.

Petersilie fein hacken. Zitrone waschen, die Schale abreiben und den Saft auspressen. Gemüse waschen, putzen und in mundgerechte Stücke schneiden. Frühlingszwiebeln waschen und in Ringe schneiden.

In einer Pfanne Olivenöl erhitzen, Gemüse mit Frühlingszwiebeln anbraten und für 7–10 Minuten weich dünsten. Mit Muskat und Salz abschmecken

Die Polenta dann mit Ingwer, Pfeffer, Salz, Zitronensaft und gehackter Petersilie würzig abschmecken. Nochmals gut durchrühren und in den Brei gleichmäßig in die Tortenform verteilen. Die Ränder dabei etwas höher als den Mittelteil lassen. Das Gemüse darauf verteilen und mit einer Mischung aus Saurer Sahen und geriebener Zitronenschale übergießen.

Bei 180 Grad im Backofen etwa 30 Minuten backen. Damit das Gemüse nicht zu sehr austrocknet mit Backpapier oder Alufolie locker abdecken.

Pro Portion: 11 g Eiweiß, 69 g Kohlenhydrate, 12 g Fett, 440 Kilokalorien

INFO

Mais ist ein schneller und guter Energiespender, er enthält keinen Getreidekleber. Neben dem ganzen Maiskolben ist besonders der Maisgrieß (Polenta) eine wichtige Zutat in der Küche. Mais nährt die Nieren, Qi, Blut, reguliert die Körperflüssigkeiten und harmonisiert den Magen. Aus westlicher Sicht ist Mais besonders reich an Eisen, Phosphor, Vitamin B1, B2, B6 und E, Kalzium, Kalium und Selen.

TROCKENHEIT: Wohlfühl-Rezepte für Blut und Säfte – dem Körper „Substanz" geben

Die neue 5-Elemente-Küche

Hühnerragout mit Quinoa und Chicorée

Zutaten für 2 Portionen

- 1 TL Vollrohrzucker
- 2 EL Olivenöl
- 1/8 l Schlagsahne
- Pfeffer
- Salz
- 2 Tassen Wasser
- ½ Bund Petersilie
- 300g Hühnerfilet
- 1 Zitrone
- 1 Tasse Quinoa
- 2 Stück Chicorée

Zubereitung

Wasser in einem Topf erhitzen, Quinoa zugeben, aufkochen und 15 Minuten auf kleiner Flamme ausquellen lassen.

Hühnerfilets waschen, von den Sehnen befreien, in Würfel schneiden und in einer Pfanne in 1 EL Olivenöl kräftig anbraten. Mit Pfeffer und Salz würzen, Schlagsahne zugeben und für 10–15 Minuten weich kochen.

Chicorée waschen und der Länge nach halbieren. In einer Pfanne 1 EL Olivenöl erhitzen und die Chicorée-Hälften darin anbraten. Mit Vollrohrzucker bestreuen, den Chicorée mehrmals wenden und karamellisieren, dann mit Salz, Pfeffer und Zitronensaft abschmecken. Petersilie waschen und fein hacken. Quinoa mit Pfeffer und Salz abschmecken und mit Petersilie vermischen, auf zwei Tellern mit je 2 Chicorée-Hälften und dem Hühnerragout anrichten.

Pro Portion: 46 g Eiweiß, 47 g Kohlenhydrate, 31 g Fett, 650 Kilokalorien

TIPP

Als Variante können Sie kleingeschnittenen Rucola in die Quinoa unterrühren.

INFO

Quinoa kommt ursprünglich aus Lateinamerika und wird nicht ohne Grund als das „Gold der Inkas" bezeichnet. Sie besitzt große Mengen an Vitaminen, Mineralien und Spurenelementen. Die Wirkung von Quinoa ist leicht wärmend und für den ganzen Körper nährend. Durch Mahlzeiten mit Quinoa wird die Energie der Nieren und des Perikards (Herzbeutels) besonders gestärkt, eine hervorragende Zutat, um Burn-Out und Erschöpfung vorzubeugen.

Hühnerleber mit Balsamico-Äpfeln

Zutaten für 2 Portionen

 200 g Hühnerleber
1 EL Honig
2 EL Vollrohrzucker
1 EL Butter
2 EL Olivenöl
1 rote Zwiebel
Salz
4 EL Balsamico-Essig
1 säuerlicher Apfel
2 Wacholderbeeren

Zubereitung

Apfel schälen, entkernen und in kleine Würfel schneiden. Butter in einer Pfanne erhitzen und darin den Honig und Zucker karamellisieren lassen. Die Apfelwürfel und Wacholderbeeren zugeben und kurz dünsten, die Apfelwürfel sollten aber nicht zerfallen. Diese Mischung mit 2 EL Balsamico-Essig beträufeln, nach Belieben mit Salz und Pfeffer abschmecken.

Die Leber sorgfältig putzen und halbieren. Zwiebel in feine Ringe schneiden. Das Olivenöl in einer Pfanne erhitzen, Zwiebelringe kurz andünsten und dann die Leber zugeben und auf jeder Seite 1–2 Minuten anbraten. Mit weiteren 2 EL Balsamico-Essig, Salz und Pfeffer abschmecken.

Leber und Apfelwürfel auf einem Teller anrichten und sofort servieren.

Pro Portion: 29 g Eiweiß, 37 g Kohlenhydrate, 24 g Fett, 470 Kilokalorien

INFO

In der TCM gelten Analogien, wie Leber stärkt die Leber oder Herz stärkt das Herz und Lunge stärkt die Lunge. So können traditionellen Speisen mit Innereien Heilwirkungen zugeschrieben werden. Allerdings sollten die Zutaten unbedingt aus biologischer Landwirtschaft kommen.

Kartoffel-Kürbis-Auflauf

Zutaten für 4 Portionen

- 1 kleiner Hokkaido-Kürbis
- 500 g Kartoffeln
- 3 Eier
- 3 EL geriebener Emmentaler
- Pfeffer
- Muskat
- 1 TL rosa Pfefferkörner
- 1 Zwiebel
- Salz
- 2 Tassen Wasser
- ¼ l Saure Sahne
- ½ Bund Petersilie
- ½ Bund Ysop

Zubereitung

Kürbis halbieren, entkernen, schälen und in Scheiben oder Spalten schneiden. Kartoffel schälen und in Scheiben schneiden.

In einem Topf Wasser erhitzen und darin Kürbis und Kartoffeln 10–15 Minuten weichdünsten. Kurz vor Ende der Kochzeit eine kleingehackte Zwiebel beigeben.

Das Gemüse dann in eine Auflaufform geben und etwa 1/2 Tasse Kochflüssigkeit mit Muskat, Pfeffer, im Mörser zerstoßenen rosa Pfefferkörnern, Salz, Saurer Sahne, Eiern und fein gehackten Kräutern vermischen. Diese Mischung über das Gemüse gießen, mit geriebenem Emmentaler bestreuen und im Backofen bei 180 Grad auf mittlerer Schiene 30 Minuten backen.

Pro Portion: 14 g Eiweiß, 26 g Kohlenhydrate, 14 g Fett, 290 Kilokalorien

INFO

Die Kombination Kartoffel und Ei liefert wertvolles Eiweiß mit hoher biologischer Wertigkeit. Gemüse-Kartoffel-Aufläufe, die mit Eiern zubereitet werden, sind deshalb für Vegetarier sehr zu empfehlen. Statt Kürbis können Sie auch andere Gemüse wie Fenchel, Mohrrüben, Brokkoli, Zucchini oder Blumenkohl verwenden.

Kräuter-Spinatstrudel

Zutaten für 2 Portionen

- 2 EL Rapsöl
  2 Handvoll frische Spinatblätter
  3 Mohrrüben
  Rapsöl zum Einstreichen
- 1 Zwiebel
  1 Handvoll Bärlauchblätter
  1 TL Ingwer, (frisch gerieben)
  Pfeffer
- 100 g rote Linsen
  Salz
  300 ml Wasser
- 1 Dinkel-Strudelteig aus dem Kühlregal
  Saft einer Bio-Zitrone
- 1 Handvoll Brennnesselblätter
  1 Handvoll Rucola

Zubereitung

Zwiebel fein hacken. Mohrrüben putzen und in kleine Würfel schneiden. Rapsöl in einem Topf erhitzen, Zwiebel darin anschwitzen, Mohrrüben, Ingwer und Linsen zugeben, mit Pfeffer und Salz würzen und mit Wasser aufgießen. Zugedeckt für 10 Minuten weich dünsten.

Inzwischen die Kräuter und Spinatblätter waschen, von den groben Stielen befreien und in Streifen schneiden.

Backofen auf 180 Grad vorheizen. Strudelblätter auf einem feuchten Tuch ausrollen, mit der Hälfte der Linsenmasse bestreichen und die Hälfte der Kräuter und Spinatblätter darauf verteilen. Alles fest zu einem Strudel einrollen und auf ein mit Backpapier ausgelegtes Backblech legen. Ebenso mit dem zweiten Strudel verfahren. Mit Rapsöl bestreichen und bei 180 Grad für 25 Minuten goldgelb backen.

Pro Portion: 24 g Eiweiß, 67 g Kohlenhydrate,14 g Fett, 500 Kilokalorien

TIPP
Schmeckt auch gut mit Schafkäse

TROCKENHEIT: Wohlfühl-Rezepte für Blut und Säfte - dem Körper „Substanz" geben

Heidelbeer-Muffins

Zutaten für 4 Portionen

 125 g Weizenmehl
3 EL Honig
Mark einer halben Vanilleschote
½ Tasse Sonnenblumenöl
1 Ei
▲ 1 TL frisch geriebener Ingwer
≈ 1 Prise Salz
🌲 125 g Joghurt
200 g Heidelbeeren
1 TL Weinstein-Backpulver
🔥 1 EL Kakao

Zubereitung

Alle Zutaten – bis auf die Heidelbeeren – in einer Schüssel zu einem glatten Teig verrühren. Zum Schluss vorsichtig die Heidelbeeren unterheben. Den Teig entweder in die Mulden eines Muffinblechs oder in Papierförmchen füllen und auf ein Backblech stellen. Die Papierförmchen am besten doppelt nehmen, dann bleibt die Form stabiler. Im vorgeheizten Backofen bei 180 Grad 20 bis 25 Minuten auf mittlerer Schiene backen.

Pro Stück: 1 g Eiweiß, 13 g Kohlenhydrate, 7 g Fett, 120 Kilokalorien

TIPP

Muffins sind wegen der geringen Backdauer ideal für überraschend angemeldeten Kaffeebesuch. Die Zutaten sind in der Regel fast immer vorrätig und in 5 Minuten zusammengerührt. Lassen Sie sich inspirieren von dem, was Sie gerade da haben: Geben Sie z.B. einen Esslöffel Kokosflocken, gemahlene Mandeln oder Haselnüsse oder ein paar Stückchen Schokolade dazu. Mit mehr Kakaopulver werden es dann echte Schokomuffins. Würzen Sie z.B. mit Zimt, Muskat, Anis oder Lebkuchengewürz oder geben Sie frische Beeren, Apfelstücke, Kirschen dazu. Ihrer Fantasie sind dabei keine Grenzen gesetzt.

Zwetschgenkompott

Zutaten für 4 Portionen

- 1 kg Zwetschgen
- 2 süße Äpfel
- 50 g Vollrohrzucker
- 2 Zimtstangen
- 4 Nelken
- 2 Stück Sternanis
- 1 TL Ingwer (frisch gerieben)
- 300 ml Wasser
- 1 Prise Salz
- Saft einer Bio-Zitrone
- 1 Prise Kakaopulver

Zubereitung

Zwetschgen waschen, halbieren und entkernen. Äpfel schälen, Kerngehäuse entfernen und in kleine Stücke schneiden.

In einem großen Topf das Wasser mit den Früchten aufkochen. Zucker, Zimt, Nelken, Ingwer, Salz, Zitronensaft und Kakaopulver zugeben, alles gut verrühren und bei mittlerer Hitze für 5–10 Minuten zu einem Kompott einkochen. Hin und wieder umrühren, damit das Kompott nicht anbrennt, bei Bedarf weitere Flüssigkeit zugeben.

Das Kompott dann heiß in Schraubgläser abfüllen und nach dem Abkühlen im Kühlschrank aufbewahren.

Pro Portion: 2 g Eiweiß, 46 g Kohlenhydrate, 1 g Fett, 210 Kilokalorien

TIPP

Mit diesem Kompott haben Sie immer eine süße Zwischenmahlzeit oder eine Beilage zu einem Getreidefrühstück verfügbar.

Früchte aus dem Backofen

Zutaten für 4 Portionen

1 kg Früchte der Saison (siehe unten)

▤ Pfirsiche

Aprikosen

Zwetschgen

50 g Vollrohrzucker

1 Vanilleschote

▲ 1 TL Kardamom (gemahlen)

≈ Salz

🍢 Heidelbeeren

Johannisbeeren

Brombeeren

Saft einer Bio-Zitrone

🍶 1 EL Cognac oder Rum

Zubereitung

In einer ofenfesten Schüssel mundgerechte Stücke der Früchte und Beeren verteilen. Eine Mischung aus Vanillezucker (siehe Extratipp), Cognac, Kardamom, Zitronensaft und Salz zubereiten.

Das Obst mit dieser Mischung übergießen und vorsichtig vermischen. Die Früchte im Backofen bei 170 Grad 25 Minuten backen.

Pro Portion: 2 g Eiweiß, 32 g Kohlenhydrate,0 g Fett, 150 Kilokalorien

TIPP

Die gebackenen Früchte schmecken besonders gut mit einer Portion Schlagsahne oder Vanilleeis.

INFO

Sie können Vanillezucker ganz einfach selbst zubereiten: eine Vanilleschote in 2–3 cm lange Stücke schneiden und in der Küchenmaschine mit 100 g Vollrohrzucker fein mahlen. Den Vanillezucker in ein Glas sieben und die Rückstände mit weiteren 50 g Zucker nochmals fein mahlen.

FEUCHTIGKEIT:

Wohlfühl-Rezepte gegen Übergewicht und Stagnation –

genussvoll abnehmen

Übergewicht ist aus Sicht der TCM häufig auf falsche Ernährungsgewohnheiten zurückzuführen. Ein Übermaß an stark kühlenden Lebensmitteln – große Mengen Rohkost, Milchprodukte und Süßigkeiten – schwächt die „Mitte". Die Transformation (Umwandlung) der aufgenommenen Nahrung läuft durch die geschwächte Verdauungskraft unvollständig ab und die Entstehung von Schleim und Feuchtigkeit wird begünstigt. Antriebsschwäche, Müdigkeit, Verdauungsstörungen und Schweregefühl im Körper sind häufige Symptome. Zusätzlich sind Stagnationen (Stau) ein weiterer Grund,

dass es mit dem Abnehmen nicht so klappt, wie es soll. Die Ursache dafür liegt meist bei einer stark angespannten Leber und Gallenblase.

Nutzen Sie den folgenden Fragebogen: Wenn Sie die Mehrzahl der Symptome bei sich wiedererkennen, dann sollten Sie die Hinweise und Rezepte der nachfolgenden Seiten ausprobieren. Durch das Vermeiden von ungünstigen Gewohnheiten können Sie auch hier sehr viel erreichen. Die Auswahl an Lebensmitteln, die Ihre „Mitte" stärken und die Verdauungskraft ankurbeln, ist groß – so wird sogar das Abnehmen zum Genuss!

Allgemeine Tipps

Die Ernährungstherapie bei Übergewicht besteht darin, die bereits vorhandene Feuchtigkeit auszuleiten und das Entstehen neuer Feuchtigkeit zu verhindern. Zusätzlich ist es wichtig, für Entspannung zu sorgen. Der erste Punkt, das Ausleiten von Feuchtigkeit erfordert Konsequenz über mehrere Wochen: keine Milchprodukte, keine Süßigkeiten, kein Zucker und keine Brotmahlzeiten. Dazu kommen spezielle Lebensmittel, die Feuchtigkeit besonders gut transformieren (umwandeln) und ausleiten, wie z.B. Reis, Gerste, Bohnen und zahlreiche Gewürze. Für Entspannung sorgen Blütentees, erfrischende Zutaten (wie Stangensellerie, Kohlrabi) und ausgleichende – entstauende - Tätigkeiten wie Singen, Tanzen, Trommeln, lange Spaziergänge in der Natur. Ein neues Wohlbefinden und einige Kilo weniger sind Ihr Erfolgsfaktor.

	JA	NEIN
Haben Sie Übergewicht?		
Haben Sie häufig geschwollene Füße und/oder Hände?		
Haben Sie häufig schwere Beine?		
Haben Sie selten Durst, trinken nur in kleinen Schlucken?		
Sind Sie niedergeschlagen und antriebslos?		
Essen Sie viele Milchprodukte?		
Essen Sie häufig Rohkost und/oder Salate?		
Haben Sie bereits Diäten gemacht?		
Haben Sie häufig Süßgelüste? Essen Sie viele Süßigkeiten?		
Sind Sie oft frustriert und können Ihre Gefühle nicht äußern?		
Haben Sie das Gefühl „einen Knödel im Hals" zu haben?		
Räuspern Sie sich häufig?		
Haben Sie oft ein Völlegefühl und Blähungen?		
Wechselt Ihre Verdauung zwischen Durchfall und Verstopfung?		
Haben Sie ein Spannungsgefühl/Schmerzen im Rippenbogen oder Bauchraum?		
Haben Sie Knoten, die kommen und gehen? Zysten? Myome?		
Sind Sie häufig gereizt und verärgert?		
Haben Sie Ihre Periode unregelmäßig?		
Kennen Sie die typischen prämenstruellen (PMS) Symptome wie Brustspannen, Gereiztheit, Krämpfe?		

WOHLFÜHL-TIPP

Gerstenwasser ist das ideale Getränk zum Ausleiten von Feuchtigkeit und Lösen von Stagnation. Kochen Sie eine halbe Tasse Gerstenkörner in 1,5–2 Litern Wasser für eine Stunde. Die eingekochte Flüssigkeit – das Gerstenwasser – können Sie nach Belieben mit etwas Gerstenmalz süßen. Trinken Sie davon 1–2 Tassen täglich. Die weichgekochte Gerste eignet sich gut als Basis für einen Gemüsesalat oder Obstsalat.

Zutaten zum Ausleiten von Feuchtigkeit und Lösen von Stagnation

Folgende Zutaten sind besonders wichtig und sollten in möglichst vielen Mahlzeiten vorkommen:

Getreide	Reis, Gerste, Hirse, Polenta, Buchweizen
Hülsenfrüchte	Linsen, Adukibohnen, Kichererbsen
Gemüse	Alle frischen grünen Gemüse, alle bitteren Blattsalate (z.B. Chicorée, Radicchio), Rettich, Radieschen, Stangensellerie, Aubergine, Artischocke, Mohrrübe, Frühlingszwiebel, Löwenzahn, Kohlrabi, Fenchel, Kürbis, Kohl, Pilze
Obst	Erdbeere, Apfel, Kirsche, Pfirsich, Aprikose, Zitrone (zum Mitkochen), Heidelbeere, Himbeere, Brombeere
Fleisch	in kleinen Mengen, Pute, Lamm, Huhn, Ente
Fisch	Süßwasserfisch, Meeresfisch, Meeresfrüchte
Kräuter/Gewürze	Sprossen von Radieschen, Rettich, Senfsamen, Bockshornklee; Zitronenschale, Thymian, Oregano, Rosmarin, Curcuma (Gelbwurz), Basilikum, Dill, Salbei, Kardamom, Kümmel, Lorbeer, Wacholderbeere, Meerrettich, Koriander (auch als frisches Grün), Majoran, frischer Ingwer, Pfeffer, Liebstöckel
Getränke	Heißes Wasser, Getreidekaffee mit Kardamom, Grüner Tee, Maishaartee, Tee aus Gewürzen (Thymian, Bohnenkraut, Salbei, Rosmarin), Zinnkrauttee (Schachtelhalmtee), Gerstenwasser, Blütentees (Orangenblüten, Rosenblüten, Ringelblumen, Lavendel), Kräutertees (einzeln oder gemischt): Melisse, Pfefferminze, Schafgarbe, Wermut, Artischockenkraut, Brennnessel, Himbeerblätter, Brombeerblätter, Birkenblätter
Nüsse und Samen	Sonnenblumenkerne, Kürbiskerne
Sonstiges	Löwenzahnsaft, Gerstenmalz, milchsaures Gemüse (Sauerkraut)

Das sollten Sie vermeiden:

- Mahlzeiten ausfallen lassen, nicht frühstücken
- Essen unter Zeitdruck, unter Stress, anstrengende Diskussionen beim Essen
- Sehr spät am Abend essen, Fleischmahlzeiten am Abend
- Paniertes, Gegrilltes, Frittiertes, Überbackenes
- Denaturierte Nahrung: Konserven, Fertigsaucen, Light-Produkte, Süßstoff, Margarine
- Bitter austrocknende Nahrungs- und Genussmittel: Kakao, Kaffee, Rotwein, Schwarztee, scharfe Gewürze (Chili, Cayennepfeffer), Kräuter der Provence, Knoblauch,
- Eisgekühlte Getränke zum Essen
- Rohkost und Milchprodukte als eigenständige Mahlzeit
- Saure Getränke (Orangensaft, Soda mit Zitronensaft, Fruchtsäfte, Früchtetee), Zitrusfrüchte
- Zucker, Süßigkeiten, Schokolade

Gerstenbrei mit Beeren

Zutaten für 2 Portionen

≡ 1 Tasse Gerste
4 EL Sonnenblumenkerne
Honig nach Geschmack
▲ 2 Scheiben Ingwer (ungeschält)
3 Kardamomkapseln
2 Zweige Minze
≈ Salz
🌱 250 g frische Beeren nach Belieben
(Heidelbeeren, Himbeeren u.a.)
🔥 1 Prise Kakaopulver

Zubereitung

Eine Tasse Gerste mit 10 Tassen Wasser, Ingwer und Kardamomkapseln in einem großen Topf aufkochen. Topf mit einem Deckel fest verschließen und auf kleiner Flamme etwa 2 Stunden lang kochen.

Minze fein hacken. Den Gerstenbrei mit Sonnenblumenkernen, Honig, Minze, 1 Prise Salz, Beeren und Kakaopulver vermischen.

Brei auf zwei Schüsseln aufteilen und servieren.

Pro Portion: 11 g Eiweiß, 41 g Kohlenhydrate, 12 g Fett, 320 Kilokalorien

TIPP

Der vorgekochte Gerstenbrei (ohne Früchte) kann gut im Kühlschrank aufbewahrt werden und sowohl für süße oder pikante Gerichte verwendet werden, z.B. mit gedünstetem Gemüse oder mit Kompott aus Früchten der Saison.

INFO

Ungeachtet der Bodenbeschaffenheit und der klimatischen Bedingungen wächst Gerste überall. Noch heute ist sie weltweit – nach Weizen, Reis und Mais – die viertwichtigste Getreideart. Allerdings hat sie in Europa ihren Stellenwert fast vollständig eingebüßt und wird hauptsächlich als Viehfutter oder Braugerste verwendet. Gerste verdient durchaus mehr Aufmerksamkeit. Von der Thermik ist Gerste kühlend und dadurch hervorragend zum Ausleiten von Hitze geeignet. In England wird traditionell Barley Water (Gerstenwasser) zur Fiebersenkung eingesetzt. Aus Sicht der TCM kühlt Gerste die Hitze, harmonisiert den Magen, beseitigt Verdauungsblockaden, entgiftet und erhöht die Diurese (Wasserausscheidung).

FEUCHTIGKEIT: Wohlfühl-Rezepte gegen Übergewicht und Stagnation - genussvoll abnehmen

Polenta mit Pfirsichkompott

Zutaten für 2 Portionen

- ▬ 100 g Polenta
  300 ml Reis- oder Sojamilch
  3 Pfirsiche (oder anderes saisonales Obst)
  100 ml Apfelsaft
  2 TL Leinöl oder Walnussöl
- ▲ 1 TL Ingwer (frisch gerieben)
  ½ TL Kardamom (gemahlen)
  1 Zweig Minze
- ≈ Salz
- ⚶ Saft einer halben Bio-Zitrone
- ♨ 1 Stück Sternanis

Zubereitung

Reis- oder Sojamilch aufkochen und mit einem Schnee-besen Polenta einrühren. Mit Ingwer und einer Prise Salz würzen. Sobald die Polenta kocht, auf kleine Hitze zurückdrehen und unter ständigem Umrühren weitere 3–5 Minuten köcheln lassen. Dann den Topf vom Herd nehmen und die Polenta weitere 5 Minuten ausquellen lassen.

In der Zwischenzeit Pfirsiche waschen und in Spalten schneiden. Apfelsaft in einem kleinen Topf erhitzen und darin die Pfirsichspalten mit Kardamom, 1 Prise Salz, Zitronensaft und Sternanis für 3–5 Minuten weich dünsten.

Polenta in zwei Schüsseln anrichten und mit Pfirsich-kompott und ein paar Minzeblättern servieren. Jede Por-tion mit 1 TL Leinöl oder Walnussöl beträufelt servieren.

Pro Portion: 30 g Eiweiß, 69 g Kohlenhydrate, 21 g Fett, 590 Kilokalorien

INFO

Obwohl sich Sternanis und Anissamen stark im Aussehen unterscheiden, haben sie doch ein sehr ähnliches, ausgeprägtes Aroma, das an Lakritze erinnert. Das starke Aroma wirkt schleimlösend und von innen erwärmend.

Adukibohnen-Püree

Zutaten für 2 Portionen

- ½ TL Fenchelsamen
- 2 EL Walnuss- oder Olivenöl
- 2 Scheiben Ingwer
- 1 Lorbeerblatt
- Pfeffer
- 1 Frühlingszwiebel
- 1 Tasse Adukibohnen
- 2 EL Sojasauce (Tamari, Shoyu)
- Salz
- Saft einer halben Bio-Zitrone
- 1 TL Bockshornkleesamen
- 1 Prise Curcuma

Zubereitung

Adukibohnen mindestens 8 Stunden einweichen. Einweichwasser abgießen, die Bohnen gut waschen und bedeckt mit kaltem Wasser aufkochen. Mit Bockshornkleesamen, Fenchelsamen, Ingwer und Lorbeerblatt würzen. Zuerst ohne Deckel 5 Minuten kochen lassen und den Schaum, der sich bildet, abschöpfen. Bei mittlerer Hitze für ca. 60 Minuten weich kochen, bei Bedarf weitere Flüssigkeit zugeben.

Die gekochten Adukibohnen dann mit etwas Kochwasser, Sojasauce, Salz und Zitronensaft, Curcuma, Öl und Pfeffer pürieren. Frühlingszwiebel waschen, fein hacken und zum Schluss in das Püree einrühren.

Pro Portion: 15 g Eiweiß, 42 g Kohlenhydrate, 12 g Fett, 450 Kilokalorien

TIPP

Das Püree hält im Kühlschrank für 3–4 Tage. Sie können es als Beilage zu fast allen Speisen essen, therapeutisch wirksam empfiehlt es sich 1 Woche lang täglich 2 EL zu mindestens 2 Mahlzeiten zu sich zu nehmen.

INFO

Adukibohnen (auch: Adzukibohnen, Azukibohnen) kommen ursprünglich aus Japan, werden aber inzwischen in biologischem Anbau in Italien kultiviert. Aufgrund ihrer wertvollen Eigenschaften werden Adukibohnen vielfach in der Ernährungstherapie nach der TCM verwendet. Adukibohnen können sowohl für pikante als auch für Süßspeisen verwendet werden.

119

Chicorée-Salat mit Erdbeeren

Zutaten für 2 Portionen

- 1 EL Sesamöl
- 1 EL Sesam
- Pfeffer
- Salz
- 1 Handvoll Erdbeeren
- 1 EL weißer Balsamico-Essig
- 2 Stück Chicorée

Zubereitung

Chicorée und Erdbeeren in kleine Stücke schneiden und vermischen. Aus Balsamico-Essig, Sesamöl, Salz und Pfeffer eine Marinade bereiten. Salat damit vermischen und mit Sesam bestreut servieren.

Pro Portion: 3 g Eiweiß, 5 g Kohlenhydrate, 8 g Fett, 100 Kilokalorien

Bohnen-Aufstrich

Zutaten für 4 Portionen

- 2 Äpfel
- 2 EL Olivenöl
- Pfeffer
- 1 TL Ingwer (frisch gerieben)
- 200 g gekochte weiße Bohnen
- Salz
- Saft einer Bio-Zitrone
- 4–5 frische Salbeiblätter

Zubereitung

Äpfel schälen, Kerngehäuse entfernen und in Spalten schneiden. Die Apfelspalten in wenig Wasser kurz dünsten. Die gekochten Bohnen mit den Äpfeln pürieren, bei Bedarf etwas Wasser zugeben.

Mit Olivenöl, Pfeffer, Ingwer, Salz und Zitronensaft abschmecken. Salbeiblätter in Streifen schneiden und den Aufstrich damit servieren.

Pro Portion: 7 g Eiweiß, 46 g Kohlenhydrate, 14 g Fett, 340 Kilokalorien

INFO

Bohnen werden dem Element Wasser zugeordnet und stärken somit die Nierenenergie. Die Wirkrichtung von Bohnen ist nach unten ausleitend und Stagnation lösend. Essen Sie am besten täglich 1–2 Esslöffel Bohnenpüree als Beilage zu Ihren Speisen!

FEUCHTIGKEIT: Wohlfühl-Rezepte gegen Übergewicht und Stagnation - genussvoll abnehmen

Rettichsalat

Zutaten für 2 Portionen

- 2 EL Kürbiskernöl,
  4 EL Kürbiskerne
  1 Prise Vollrohrzucker
- 1 Frühlingszwiebel
  1 weißer oder schwarzer Rettich
- Salz
- 2 EL Apfelessig
- 1 Handvoll Feldsalat

Zubereitung

Rettich waschen, schälen und grob reiben, Feldsalat waschen und auf 2 Teller verteilen. Den weißen Teil der Frühlingswiebel fein hacken, den grünen Teil zum Garnieren verwenden.

Kürbiskerne in einer beschichteten Pfanne kurz anrösten.

Aus Kürbiskernöl, Zucker, fein gehackter Frühlingszwiebel, Salz und Essig eine Marinade zubereiten und den geriebenen Rettich damit vermischen.

Rettich auf Feldsalat anrichten und mit Frühlingszwiebeln und Kürbiskernen garniert servieren.

Pro Portion: 6 g Eiweiß, 6 g Kohlenhydrate, 19 g Fett, 220 Kilokalorien

INFO

Rettich gehört zu den „8 Schätzen der chinesischen Heilküche". Durch seinen scharfen Geschmack wirkt er schleimlösend und bewegend. In gekochter Form (z.B. als Einlage in Suppen) wird sein Geschmack süßlich und er wirkt stärkend auf Milz und Magen.

Gedünsteter schwarzer Rettich

Zutaten für 2 Portionen

- 2 EL Rapsöl
- 1 TL Honig
- 2 mittelgroße schwarze Rettichknollen
- ½ TL Kümmel
- Pfeffer
- ½ Bund Majoran
- Salz
- Saft einer halben Zitrone
- 1 Tasse heißes Wasser oder Gemüsebrühe
- 1 Prise Paprikapulver

Zubereitung

Rettich schälen und in 5 cm lange Stifte schneiden. Öl in einer Pfanne erhitzen und Rettich kurz anbraten.

Mit Kümmel, Pfeffer, Salz und Paprikapulver würzen.

Mit heißem Wasser oder Gemüsebrühe aufgießen und 10 Minuten weich dünsten.

Majoran fein hacken und zum Schluss mit dem Honig einrühren.

Pro Portion: 2 g Eiweiß, g 10 Kohlenhydrate, 10 g Fett, 130 Kilokalorien

TIPP

Dazu passt ein Sellerie-Kartoffel-Püree.

INFO

Durch ihre entgiftende und stagnationslösende Wirkung sind Gemüse wie Rettich und Radieschen als Unterstützung beim Abnehmen sehr wichtig. Übergewicht geht häufig mit Hitzesymptomen einher und da hat Rettich zusätzlich eine kühlende, erfrischende Wirkung. Die regelmäßige Verwendung von Rettich ist vorbeugend gegen Erkältungs- und Grippekrankheiten.

Marinierter Kohl

Zutaten für 4 Portionen

 500 g Rotkohl
500 g Weißkohl
250 g Mohrrüben
2 EL Honig oder Birnendicksaft
3 EL Sonnenblumenöl
1 Zwiebel
1 TL Ingwer (frisch gerieben)
Pfeffer
1 TL Kümmel
Salz
1,5 Liter Wasser
½ Tasse Apfelessig
1 TL Paprikapulver

Zubereitung

Rotkohl und Weißkohl waschen, Außenblätter entfernen und beide Köpfe vierteln. Den Strunk großzügig mit dem Messer keilförmig ausschneiden. Die Kohlviertel quer in dünne Scheiben schneiden – sie zerfallen so in Streifen. In einem großen Topf Wasser mit Salz erhitzen und die Kohlstreifen 8–10 Minuten weich kochen.

In der Zwischenzeit Mohrrüben in Scheiben schneiden und Zwiebel fein hacken, ebenfalls zum Kochwasser zugeben und weitere 5 Minuten kochen. Die Gemüsemischung in einem Sieb abseihen und in eine große Schüssel geben.

Aus den restlichen Zutaten eine Marinade bereiten: In einem kleinen Topf Essig, Honig und Ingwer sanft erwärmen, Gewürze und Öl zugeben und kurz ziehen lassen. Die Marinade zur Kohlmischung geben, alles gut vermischen und am besten über Nacht durchziehen lassen.

Pro Portion: 6 g Eiweiß, 18 g Kohlenhydrate, 8 g Fett, 170 Kilokalorien

INFO

Kohl ist ein äußerst wertvolles Gemüse. Er fördert die Verdauung und ist blutreinigend. Durch den hohen Gehalt an Vitamin C ist er das perfekte Wintergemüse. Zusätzlich enthalten alle Kohlsorten hohe Dosen von Vitamin E und Kalzium.
Roher Weißkohl – Sauerkraut – enthält wertvolle Enzyme und wirkt so auf die Darmflora. Bei Verstopfung und/oder Völlegefühl essen Sie am besten täglich eine kleine Menge frisches Sauerkraut.

Gersten-Gemüse-Suppe

Zutaten für 4 Portionen

- 100 g Gerste
- 20 g getrocknete Shiitake Pilze (oder Steinpilze)
- 2 EL Sonnenblumenöl
- 2 Mohrrüben
- 4 Stangen Sellerie
- 3–4 Blätter Chinakohl
- 1 Zwiebel
- 1 Lorbeerblatt
- Pfeffer
- Salz
- Saft einer halben Bio-Zitrone
- ½ Bund Petersilie
- 2 Wacholderbeeren
- 1 Prise Curcuma
- 1 Liter Wasser

Zubereitung

Gerste und Pilze über Nacht einweichen.

Zwiebel fein hacken und in Sonnenblumenöl kurz andünsten. Gerste und Pilze zugeben, mit Lorbeerblatt, Pfeffer, Salz, Zitronensaft, Wacholderbeeren und Curcuma würzen, alles kurz anrösten und dann mit heißem Wasser aufgießen und etwa 20 Minuten kochen.

In der Zwischenzeit die Mohrrüben und den Stangensellerie in dünne Scheiben schneiden, Chinakohlblätter der Länge nach teilen und in feine Streifen schneiden.

Zuerst Sellerie und Mohrrüben in die Suppe geben und weitere 10 Minuten kochen. Zum Schluss den Chinakohl beigeben und mit Salz und Pfeffer abschmecken. Petersilie fein hacken und die Suppe damit verfeinern.

Pro Portion: 4 g Eiweiß, 23 g Kohlenhydrate, 6 g Fett, 160 Kilokalorien

INFO

Die Blätter des Lorbeerbaumes dienen seit Jahrtausenden dazu, Persönlichkeiten auszuzeichnen und besondere Verdienste zu belohnen. Das Wissen um die Heilwirkung ist allerdings fast gänzlich verschwunden. Lorbeer hat blutstillende, harntreibende und verdauungsfördernde Eigenschaften und wird bei Kopfschmerzen, Blähungen, Verdauungsschwäche, Fieber, Gelenkschmerzen und Diabetes erfolgreich eingesetzt.

Mohrrübensuppe mit Meerrettich

Zutaten für 4 Portionen

- 1 kg Mohrrüben
- Walnussöl
- Pfeffer
- 4 EL Meerrettich (gerieben)
- Kresse zum Garnieren
- 1 l Wasser
- Salz
- Saft einer halben Bio-Zitrone
- 1 Prise Curcuma

Zubereitung

Mohrrüben waschen und in grobe Stücke schneiden. In einem großen Topf das Wasser erhitzen und die Mohrrübenstücke darin 20–25 Minuten weich kochen. Mit Pfeffer, Salz, Zitronensaft und Curcuma abschmecken und die Suppe dann pürieren.

Suppe in tiefen Tellern anrichten, mit einigen Tropfen Walnussöl, Meerrettich und Kresse bestreut servieren.

Pro Portion: 2 g Eiweiß, 12 g Kohlenhydrate, 2 g Fett, 80 Kilokalorien

TIPP

Bei Übergewicht sollten Sie besonders darauf achten, dass Sie abends eine einfache, bekömmliche Mahlzeit zu sich nehmen. Suppen schmecken eigentlich in jeder Jahreszeit gut. Sie sind sehr preisgünstig und schnell zubereitet.

TIPP

Wenn Sie die Suppe etwas gehaltvoller oder nährender bevorzugen, dann ändern Sie die Rezeptur auf 600 g Mohrrüben mit 400 g Kartoffeln. Vor allem in den Herbst- und Wintermonaten ist das empfehlenswert. Kartoffeln liefern viel Vitamin C und steigern dadurch die Abwehrkräfte.

Kürbis aus dem Backofen

Zutaten für 4 Portionen

- ▬ 1 Kürbis (Hokkaido oder Butternuss)
- 4 EL Olivenöl
- ▲ Korianderkörner
- 4 Lorbeerblätter
- Pfeffer
- ≈ Salz
- 🌳 2 Bio-Zitronen
- 🔥 frische Kräuter (Rosmarin, Thymian, Ysop)
- 8 Wacholderbeeren

Zubereitung

Backofen auf 180 Grad vorheizen. Backblech mit Backpapier belegen.

Kürbis gut waschen und in die Hälfte schneiden. Kerne entfernen, dann den Kürbis in grobe Stücke zerkleinern und mit der Schale nach unten auf dem Backblech verteilen.

Zitronen heiß waschen, Schale abreiben und Saft auspressen. Kräuter von den Stielen rebeln und fein hacken. Korianderkörner mit Salz, Zitronenschale und Wacholderbeeren im Mörser zerstoßen und mit Zitronensaft, Kräutern, Olivenöl, Salz und Pfeffer zu einer Marinade verrühren.

Die Kürbisstücke mit der Marinade beträufeln und im Backofen bei 180 Grad für 25–30 Minuten garen. Der Kürbis wird dadurch herrlich aromatisch, weich und kann sogar mit der Schale als Beilage oder Hauptspeise gegessen werden.

Pro Portion: 5 g Eiweiß, 21 g Kohlenhydrate, 10 g Fett, 210 Kilokalorien

INFO

In der Traditionellen Chinesischen Medizin gilt der Kürbis als Regulator für den Blutzuckerspiegel (positive Wirkung bei Diabetes), hilft bei der Ausscheidung von Schleim und Feuchtigkeit und bewegt das Qi – all diese Eigenschaften wirken günstig zur Beseitigung von Übergewicht und Ödemen (Wassereinlagerungen), d.h. der Kürbis eignet sich hervorragend zum Abnehmen.

Hirse mit Gemüse

Zutaten für 2 Portionen

- 150 g Hirse
  500 g Gemüse der Saison
  (z.B. Mohrrüben, Erbsen, Grüne Bohnen),
  2 EL Olivenöl
- 1 TL Ingwer (frisch gerieben)
  Pfeffer
  1 Zwiebel
- 400 ml Wasser
  Salz
- 1 Bund Petersilie
  Saft einer halben Bio-Zitrone
- 1 Prise Paprikapulver

Zubereitung

Zwiebel schälen und fein hacken. In einem Topf das Olivenöl erhitzen und Zwiebel kurz anbraten.

Gemüse in mundgerechte Stücke schneiden und mit der Hirse zu den Zwiebeln geben. Die Gemüsemischung mit Ingwer, Pfeffer und Salz würzen, mit Wasser aufgießen und zugedeckt aufkochen lassen. Dann bei mittlerer Hitze für 10–15 Minuten zugedeckt gar kochen. Bei Bedarf etwas Wasser zugeben.

Petersilie waschen und fein hacken. Die Gemüsehirse mit Zitronensaft, Petersilie und Paprikapulver abschmecken und servieren.

Pro Portion: 10 g Eiweiß, 65 g Kohlenhydrate, 13 g Fett, 430 Kilokalorien

TIPP

Für eine bessere Sättigung können Sie dieses Gericht mit gegrilltem Fisch, Huhn oder gebratenem Tofu ergänzen. Auch geröstete Kürbis- und Sonnenblumenkerne passen gut zur Gemüsehirse.

FEUCHTIGKEIT: Wohlfühl-Rezepte gegen Übergewicht und Stagnation - genussvoll abnehmen

Kräuter-Brathuhn mit Ofengemüse

Zutaten für 3–4 Portionen

 3 Mohrrüben

1 kleiner Blumenkohl

1 Brokkoli

1 Zucchini

6 Kartoffeln

4 EL Olivenöl

Pfeffer

1 TL Ingwer (frisch gerieben)

1 EL Salz

1 kg Hühnerteile (Brust, Keule, Flügeln)

1 Bio-Zitrone

2 Bund frische Kräuter, z.B. Thymian, Rosmarin, Basilikum

1 EL Paprikapulver

Zubereitung

Den Backofen auf 200 Grad vorheizen. Das Huhn waschen, mit Küchenpapier trocknen und in kleine Stücke zerteilen. Aus Paprikapulver, Olivenöl, Pfeffer, Ingwer und Salz eine Marinade bereiten und die Hühnerteile damit bestreichen.

Das Gemüse waschen, putzen, schälen und in mundgerechte Stücke schneiden. Die Kräuter waschen, von den Stielen zupfen und grob hacken. Zitrone auspressen.

Das Gemüse in einer Auflaufform verteilen, mit Pfeffer, Salz und Zitronensaft würzen, gut vermischen und die Hühnerteile darauf legen. Im Backofen bei 200 Grad für 35–40 Minuten braten.

Pro Portion: 42 g Eiweiß, 29 g Kohlenhydrate, 22 g Fett, 500 Kilokalorien

INFO

Kräuter haben durch ihr Aroma eine sehr „bewegende" Wirkung und sind daher besonders gut geeignet, einer Stagnation entgegen zu wirken. Verwenden Sie täglich Kräuter wie Basilikum, Thymian, Rosmarin, Ysop, Petersilie, Dill, Estragon, Koriander – am besten frisch aus dem Garten oder Blumentopf!

FEUCHTIGKEIT: Wohlfühl-Rezepte gegen Übergewicht und Stagnation - genussvoll abnehmen

Kürbisrisotto

Zutaten für 2 Portionen

- ▭ 1 kleiner Hokkaido-Kürbis
  4 EL Kürbiskerne
  2 EL Olivenöl
  500 ml Gemüsebrühe oder Hühnersuppe
- ▲ 150 g Risottoreis
  1 Zwiebel
  Pfeffer
- ≈ Salz
- ♈ Saft einer halben Bio-Zitrone
  125 ml Weißwein
- ♨ 100 g Rucola

Zubereitung

Kürbis schälen, entkernen und in kleine Würfel schneiden. Zwiebel schälen und fein hacken.

In einem Topf Olivenöl erhitzen. Reis, Zwiebel und Kürbis darin kurz andünsten. Die Mischung nach und nach mit heißer Gemüsebrühe oder Hühnersuppe aufgießen und ständig umrühren. Nach ca. 10 Minuten den Weißwein und Zitronensaft zugeben und mit Salz und Pfeffer abschmecken. Auf kleine Flamme zurückdrehen und zugedeckt weitere 10 Minuten garen. Bei Bedarf noch etwas Flüssigkeit zugeben.

Rucola waschen und fein hacken. Auf einem Teller das fertige Risotto mit etwas Rucola vorsichtig vermengen und mit Kürbiskernen bestreut servieren. Als Beilage Blattsalat reichen.

Pro Portion: 17 g Eiweiß, 83 g Kohlenhydrate, 25 g Fett, 680 Kilokalorien

INFO

Rundkornreis ist besonders für Risotto oder Süßspeisen geeignet. Seine Wirkung ist nährend, stärkend für die Milz und harmonisierend für den Magen. Langkornreis ist von der thermischen Wirkung leicht kühlend und er tonisiert Magen, Milz und Bauchspeicheldrüse. Durch seine entfeuchtende und diuretische (entwässernde) Wirkung ist Reis ein wichtiges Getreide in der Therapie von Übergewicht.

Blattsalat mit Rosinenessig

Zutaten für 2 Portionen

- 2 EL Rosinen
- 1 Prise Vollrohrzucker
- Rapsöl
- 1 TL Ingwer (frisch gerieben)
- Pfeffer
- Salz
- ½ l Apfelessig
- ½ Eisbergsalat
- 6–8 Blätter Radicchio

Vorbereitung Rosinenessig

Rosinen in eine Flasche geben und mit Essig auffüllen. Diese Mischung 3–4 Wochen an einem schattigen Ort in der Küche stehen lassen. Der Rosinenessig zeichnet sich durch seinen mild-süßen Geschmack aus.

Zubereitung

Blattsalate in mundgerechte Stücke zerteilen und mit einer Marinade aus 4 EL Rosinenessig, Rapsöl, Vollrohrzucker, Ingwer und Pfeffer kurz vor dem Servieren mischen.

Die eingelegten Rosinen aus dem Essig können ruhig mitverwendet werden!

Pro Portion: 1 g Eiweiß, 15 g Kohlenhydrate, 10 g Fett, 160 Kilokalorien

INFO

Die Wirkrichtung des bitteren Geschmacks ist nach unten, ausleitend, austrocknend und anregend für die Transformation (Verdauung, Umwandlung), d.h. bittere Salate wie Radicchio und Chicorée unterstützen bei der Gewichtsreduktion und sollten täglich auf Ihrem Speiseplan stehen.

Die neue 5-Elemente-Küche

Birnenkuchen mit Hirse

Zutaten 6–8 Portionen

- 2 Eier
- 20 g Butter
- 500 g gekochte Hirse
- ½ TL Zimt
- 4 reife Birnen
- 50 g Walnüsse
- 2 EL Honig
- 1 TL Ingwer (frisch gerieben)
- 1 Prise Salz
- 1 Bio-Zitrone
- 1 TL Kakaopulver

Zubereitung

Backofen auf 180 Grad vorheizen.

Zitrone heiß waschen, Schale abreiben und Saft auspressen.

Eier mit dem Schneebesen schaumig schlagen und mit Hirse, Zimt, Honig, Ingwer, Salz, Zitronensaft, Zitronenschale und Kakaopulver zu einem Teig verrühren. Eine Auflaufform mit Butter ausstreichen und den Teig einfüllen.

Birnen waschen, entkernen, in Spalten schneiden und auf dem Teig verteilen. Nüsse hacken und mit der restlichen Butter auf dem Auflauf verteilen.

Bei 180 Grad für 30–35 Minuten backen.

Pro Portion: 5 g Eiweiß, 31 g Kohlenhydrate, 9 g Fett, 220 Kilokalorien

TIPP

Der Kuchen schmeckt auch gut mit Äpfeln, Zwetschgen, Aprikosen oder Pfirsichen – einfach nach Saison auswählen.

FEUCHTIGKEIT: Wohlfühl-Rezepte gegen Übergewicht und Stagnation - genussvoll abnehmen

Gefüllte Aprikosen

Zutaten für 2 Portionen

- 500 g Aprikosen
- 50 g Walnüsse
- 2 EL Honig
- ½ TL Ingwer (frisch gerieben)
- 1 Prise Salz
- Saft einer halben Bio-Zitrone
- 20 g Bitterschokolade

Zubereitung

Backofen auf 180 Grad erhitzen.

Nüsse und Bitterschokolade fein hacken. Die Aprikosen waschen, halbieren und den Kern entfernen.

Aus Walnüssen, Honig, Ingwer, Salz, Zitronensaft und Bitterschokolade eine Paste zubereiten. Die Aprikosen damit füllen, diese in eine Auflaufform legen und im Backofen bei 180 Grad für 15–20 Minuten backen.

Warm servieren.

Pro Portion: 7 g Eiweiß, 44 g Kohlenhydrate, 18 g Fett, 370 Kilokalorien

INFO

Nach TCM ist die Aprikose eine der wenigen warmen Obstsorten, im Geschmack süß bis sauer und sie stärkt Magen und Lunge. Sie wird therapeutisch bei Durst, trockener Kehle, Husten und Kurzatmigkeit eingesetzt. Sowohl frische als auch getrocknete Aprikosen sind reich an Beta-Karotin, Eisen, Kalium und Mangan.
Die japanische Küche kennt eingelegte Aprikosen (Umeboshi), die über einen sehr langen Zeitraum genießbar bleiben. Die Umeboshi findet auch in der TCM Anwendung, z.B. wird bei Schwangerschaftsübelkeit eine Umeboshi in den Nabel geklebt, um das Qi im Körper nach unten zu lenken.

Apfel-Bohnen-Strudel

Zutaten für 4–6 Portionen

- 6 Äpfel
- 50 g Zucker
- Mark einer Vanilleschote
- 1 TL Zimtpulver
- Walnussöl
- 1 TL Ingwer (frisch gerieben)
- 2–3 Zweige Minze
- 200 g weiße Bohnen
- Salz
- Saft einer Bio-Zitrone
- 1 Dinkel-Strudelteig aus dem Kühlregal
- abgeriebene Schale einer Bio-Zitrone

Zubereitung

Bohnen mindestens 8 Stunden in kaltem Wasser einweichen. Abseihen, abspülen und gut bedeckt mit frischem Wasser aufkochen. Entstehenden Schaum abschöpfen und für knapp 1 Stunde weich kochen.

Die Bohnen mit wenig Kochwasser pürieren und mit Zucker, Vanillemark, Zimt, Ingwer, Salz, Zitronensaft und -schale abschmecken.

Äpfel waschen, Kerngehäuse entfernen und in dünne Scheiben schneiden. Minze fein hacken.

Backofen auf 180 Grad vorheizen. Strudelblätter auf einem feuchten Geschirrtuch ausrollen, mit der Hälfte des Bohnenpürees einstreichen und die Hälfte der Äpfel und Minze darauf verteilen. Alles fest zu einem Strudel einrollen und auf ein mit Backpapier ausgelegtes Backblech legen. Ebenso mit dem zweiten Strudel verfahren.

Strudel mit Walnussöl bestreichen und bei 180 Grad für 25 Minuten goldgelb backen.

Pro Portion: 15 g Eiweiß, 78 g Kohlenhydrate, 5 g Fett, 430 Kilokalorien

INFO

Zimtrinde gehört wie Ingwer zu der Gruppe von Heilpflanzen, die das Innere erwärmen. Außerdem fördert Zimt die Verdauung und lindert Blähungen. In der Schwangerschaft sollte Zimt aber nur sehr vorsichtig verwendet werden.

Lebensmittel und ihre Wirkung von A-Z

Auszug (Die vollständige Tabelle können Sie unter www.essenz.at/tabelle herunterladen)

Lebensmittel	Element	Thermische Wirkung	Lebensmittel	Element	Thermische Wirkung
Adukibohne	Wasser	neutral	Ei	Wasser	neutral
Alkohol, hochprozentig	Metall	heiß	Eisbergsalat	Feuer	neutral
Apfel	Holz	erfrischend	Endiviensalat	Feuer	neutral
Aprikose	Erde	warm	Ente	Holz	erfrischend
Artischocke	Feuer	erfrischend	Erbse f	Erde	neutral
Aubergine	Erde	erfrischend	Erbse g	Wasser	neutral
Basilikum f/g	Feuer	warm	Erdbeere	Holz	erfrischend
Birne	Erde	erfrischend	Essig	Holz	warm
Blumenkohl	Erde	erfrischend	Estragon f	Erde	erfrischend
Bohnenkraut f/g	Feuer	warm	Estragon g	Metall	warm
Brennnessel	Feuer	neutral	Fasan	Metall	warm
Brokkoli	Erde	erfrischend	Feige f/g	Erde	neutral
Brombeere	Holz	neutral	Feldsalat	Feuer	neutral
Butter	Erde	neutral	Fenchel	Erde	warm
Buttermilch	Holz	erfrischend	Fencheltee	Erde	warm
Cayennepfeffer	Metall	heiß	Fisch, geräuchert	Wasser	warm
Champignon	Erde	erfrischend	Fleisch, gegrillt	Feuer	heiß
Chicorée	Feuer	erfrischend	Fleisch, gepökelt	Wasser	warm
Chilipulver	Metall	heiß	Fleisch, geräuchert	Wasser	warm
Chinakohl	Erde	erfrischend	Forelle	Wasser	neutral
Cognac	Feuer	heiß	Frischkäse (Cottage cheese)	Holz	erfrischend
Curcuma (Gelbwurzel)	Feuer	warm	Frühlingszwiebel	Metall	warm
Curry	Metall	heiß	Gans	Metall	neutral
Dattel g	Erde	neutral	Gerste	Erde	erfrischend
Dill f/g	Metall	warm	Grüne Bohnen	Erde	neutral
Dinkel	Holz	neutral	Grünkern	Holz	warm
Dörrpflaume	Erde	neutral	Hafer	Metall	warm

Lebensmittel	Element	Thermische Wirkung
Hagebuttentee	Holz	neutral
Hammel	Feuer	heiß
Haselnuss	Erde	neutral
Heidelbeere	Holz	erfrischend
Himbeere	Holz	neutral
Hirsch	Metall	heiß
Hirse	Erde	erfrischend
Hokkaidokürbis	Erde	warm
Honig	Erde	neutral
Huhn	Holz	warm
Hülsenfrüchte-Sprosse	Holz	erfrischend
Ingwer f	Metall	warm
Ingwer g	Metall	heiß
Joghurt	Holz	kalt
Johannisbeere	Holz	erfrischend
Kaffee	Feuer	warm
Kakao	Feuer	warm
Kalb	Erde	neutral
Kaninchen	Metall	neutral
Kapuzinerkresse	Holz	erfrischend
Kardamom	Metall	warm
Karpfen	Wasser	neutral
Kartoffel	Erde	neutral
Käse	Erde	neutral
Kastanie (Marone)	Erde	warm
Kirsche, sauer	Holz	erfrischend
Kirsche, süß	Erde	warm
Kirschsaft	Holz	warm
Knoblauch	Metall	heiß
Kohlrabi	Erde	neutral
Kohlsprosse	Feuer	warm
Kopfsalat	Feuer	erfrischend
Koriander f	Metall	warm
Koriandersamen	Metall	warm
Kresse	Metall	erfrischend
Kuhmilch	Erde	neutral
Kümmel	Metall	warm
Kürbis	Erde	neutral
Kürbiskern	Erde	neutral
Kürbiskernöl	Erde	warm
Lamm	Feuer	heiß
Leinöl	Erde	erfrischend
Liebstöckel f/g	Metall	warm
Linse	Wasser	neutral
Lorbeer	Metall	warm
Löwenzahn	Feuer	erfrischend
Maiskolben	Erde	neutral
Majoran f/g	Metall	warm
Malventee	Holz	erfrischend
Malz (alle Sorten)	Erde	neutral
Mandel	Erde	neutral
Mangold	Erde	erfrischend
Marzipan	Erde	warm
Meersalz	Wasser	kalt
Meerrettich	Metall	warm
Melasse	Erde	neutral
Melissentee	Holz	erfrischend
Mineralwasser	Wasser	kalt
Mohn	Feuer	warm
Mohrrübe	Erde	neutral
Muskat	Metall	warm
Nelke	Metall	warm
Olive	Feuer	neutral
Olivenöl	Erde	erfrischend

Lebensmittel	Element	Thermische Wirkung	Lebensmittel	Element	Thermische Wirkung
Orange	🌳	erfrischend	Rhabarber	🌳	kalt
Orangenblütentee	≡	erfrischend	Rind	≡	neutral
Oregano f	🔥	warm	Roggen	🔥	neutral
Oregano g	🔺	warm	Rosine	≡	warm
Papaya	≡	kalt	Rosmarin f	🔥	warm
Paprika	≡	erfrischend	Rosmarin g	🔺	warm
Paprikapulver	🔥	warm	Rote Bete	🔥	neutral
Parmesankäse	≈	warm	Rotkohl	≡	neutral
Pastinake	🔥	erfrischend	Rotwein	🔥	warm
Petersilie	🌳	warm	Rübe	≡	neutral
Pfeffer	🔺	heiß	Rucola	🔥	erfrischend
Pfefferminztee	🔺	erfrischend	Salatgurke	≡	kalt
Pfirsich	≡	warm	Salbei f	🔥	erfrischend
Piment	🔺	heiß	Salbei g	🔺	erfrischend
Pinienkern	≡	warm	Salz	≈	kalt
Pistazie	≡	neutral	Saubohne	≈	neutral
Polenta	≡	neutral	Sauerampfer	🌳	kalt
Porree (Lauch)	🔺	warm	Sauerkraut	🌳	erfrischend
Preiselbeere	🌳	erfrischend	Sauermilch	🌳	erfrischend
Prosecco	🌳	erfrischend	Saure Sahne	🌳	erfrischend
Pute	🔺	neutral	Schaf	🔥	heiß
Quark	🌳	erfrischend	Schafgarbentee	🔥	kalt
Quinoa	🔥	neutral	Schafskäse	🔥	warm
Radicchio	🔥	erfrischend	Schimmelkäse	🔺	heiß
Radieschen	🔺	erfrischend	Schinken, roh/gekocht	≈	warm
Radieschensprosse	🔺	erfrischend	Schlagsahne	≡	erfrischend
Rapsöl	≡	warm	Schnittlauch f/g	🔺	warm
Rebhuhn	🔺	warm	Schwarzer Tee	🔥	neutral
Reh	🔺	warm	Schwarzwurzel	≡	erfrischend
Reis	🔺	neutral	Schwein	≈	neutral
Rettich, schwarz	🔺	neutral	Sellerie	≡	erfrischend
Rettich, weiß	🔺	erfrischend	Senfsame	🔺	warm

Lebensmittel	Element	Thermische Wirkung	Lebensmittel	Element	Thermische Wirkung
Sesam	Erde	neutral	Ziege	Feuer	heiß
Sesamöl	Erde	erfrischend	Ziegenkäse	Feuer	warm
Sonnenblumenkern	Erde	neutral	Ziegenmilch	Feuer	warm
Sonnenblumenöl	Erde	erfrischend	Zimtrinde	Erde	heiß
Spargel	Erde	erfrischend	Zitrone	Holz	kalt
Spinat	Erde	erfrischend	Zucchini	Erde	erfrischend
Sprosse	Holz	erfrischend	Zucker, braun	Erde	neutral
Stachelbeere	Holz	erfrischend	Zucker, weiß	Erde	kalt
Stangensellerie	Erde	erfrischend	Zwetschge, f	Holz	warm
Sternanis	Metall	warm	Zwetschge g	Erde	neutral
Thymian f	Feuer	warm	Zwiebel, gebraten	Erde	warm
Thymian g	Metall	warm	Zwiebel, roh	Metall	warm
Tomate	Holz	kalt			
Traubensaft, rot/weiß	Erde	neutral			
Vanille	Erde	neutral			
Wacholderbeere	Feuer	warm			
Wachtel	Metall	neutral			
Waldpilz	Erde	neutral			
Walnuss	Erde	warm			
Wasser, heiß	Feuer	erfrischend			
Wasser, kalt	Wasser	kalt			
Weintraube, rot/weiß	Erde	erfrischend			
Weißkohl	Erde	neutral			
Weißwein	Holz	erfrischend			
Weizen	Holz	erfrischend			
Weizen, gekeimt	Holz	kalt			
Weizenkeimöl	Erde	erfrischend			
Weizenkleie	Holz	kalt			
Wildhase	Metall	warm			
Wildschwein	Metall	warm			
Wirsing	Erde	neutral			
Ysop	Feuer	warm			

Element Erde
Element Metall
Element Holz
Element Feuer
Element Wasser

f: frisch
g: getrocknet

Rezeptregister

Die neue 5-Elemente-Küche

Nützliche Adressen

Die Autorin bietet individuelle Ernährungsberatungen, Seminare, Vorträge, Kochkurse und steht für sämtliche Anfragen unter folgender Adresse zur Verfügung:

Dr. Claudia Nichterl
Brückengasse 4
1060 Wien
Tel. (+43) 0681-20408485
FAX: (+43) 01-253 30 33-1405
E-mail: office@essenz.at
internet: www.essenz.at
Lebensmittel-Tabelle zum Download unter
www.essenz.at/tabelle
 Facebook: www.facebook.com/essenz.wien
 Twitter: @essenz
  Blog: www.essenz.at/blog

Plattformen für Ernährungsberaterinnen nach TCM
In Österreich: www.tcm-ernaehrung.at
In Deutschland: www.fuenf-elemente-ernaehrung-ev.de
In der Schweiz: www.ve5e.ch

Literaturverzeichnis:

NICHTERL, Claudia:
Die 5-Elemente-Küche Vegetarisch.
avBUCH, Wien, 2007

NICHTERL, Claudia:
Die 5-Elemente-Küche für Naschkatzen.
avBUCH, Wien, 2008

NICHTERL Claudia:
Die 5-Elemente-Küche zum Abnehmen.
avBUCH, Wien, 2008

NICHTERL Claudia: Powerfrühstück.
avBUCH, Wien, 2009

PITCHFORD, Paul:
Healing with Whole Foods.
Oriental Traditions and Modern Nutrition.
North Atlantic Books, Berkeley, California, 2002.

SCHNEIDER, Karola:
Kraftsuppen nach der Chinesischen Heilkunde.
JOY Verlag, Oy-Mittelberg, 2003

UNSCHULD, Paul:
Was ist Medizin?
Westliche und östliche Wege der Heilkunst.
C.H. Beck, München, 2003

WEIDINGER, Georg Dr. med.:
Die Heilung der Mitte.
Ennsthaler Verlag, Steyr, 2011

YONGKANG, Li:
Die Traditionelle Chinesische Gesundheitsküche.
midena Verlag, München, 2000

Bildquellen

Umschlag:
Vorderseite: bitt24/shutterstock.com
Rückseite: Miguel Dieterich, Wien

Innenteil:
Freisteller: shutterstock.com, fotolia.com
Alle Fotos (außer anderweitig vermerkt): Miguel Dieterich, Wien

Impressum

avBuch im Cadmos Verlag
Copyright © 2012 by Cadmos Verlag, Schwarzenbek
2. Auflage 2014

Deutsche Nationalbibliothek – CIP-Einheitsaufnahme
Die Deutsche Nationalbibliothek verzeichnet diese Publikation in der Deutschen Nationalbibliografie;
detaillierte bibliografische Daten sind im Internet über http://dnb.ddb.de abrufbar.

Die Studien und Erkenntnisse über die Anwendungen und Rezepte in diesem Buch wurden sorgfältig
recherchiert und nach bestem Wissen und Gewissen wiedergegeben. Alle Informationen ersetzen aber
in keinem Fall ärztlichen Rat und ärztliche Hilfe. Bei erkennbaren Krankheiten ist in jedem Fall ein Arzt
aufzusuchen. Der Verlag und die Autorin übernehmen keinerlei Haftung für Beschwerden, die sich durch
Anwendung der Rezepte ergeben und übernehmen auch keinerlei Verantwortung für medizinische
Forderungen.

Redaktion: Brigitte Millan-Ruiz, Bisamberg
Umschlag, Layout und Satz: Ravenstein, Verden

Druck und Bindung: Westermann Druck, Zwickau
Printed in Germany
ISBN 978-3-8040- 7014-1